# PAULINE METTERNICH

# ERINNERUNGEN

ZEUGEN DER ZEIT
UEBERREUTER

CIP-Titelaufnahme der Deutschen Bibliothek

**Metternich, Pauline:**
Erinnerungen / Pauline Metternich. Hrsg. von Lorenz Mikoletzky. – Wien : Ueberreuter, 1988
(Zeugen der Zeit)
ISBN 3-8000-3263-5
NE: Metternich, Pauline: [Sammlung]

AU 10/1

Umschlag von Brigitte Schwaiger unter Verwendung eines Porträts von Franz Xaver Winterhalter

Gesamtherstellung: Carl Ueberreuter Druckerei Ges. m. b. H., Korneuburg
Printed in Austria

*Inhalt*

war dieser Posten nicht sehr heikel, stellte aber einen guten Beobachtungspunkt für das Geschehen an den übrigen europäischen Höfen dar.
Nicht nur die königliche Familie war rasch von der natürlichen und jugendlichen Heiterkeit der Gesandtensgattin eingenommen, auch die Dresdener Gesellschaft und das diplomatische Korps öffneten ihr sofort ihre Häuser. Und hier begann sich Paulines Organisationstalent zu entwickeln: Ein Ball anläßlich der Hochzeit des Kaiser-Bruders Erzherzog Karl Ludwig mit der sächsischen Prinzessin Margarete bildete gleichsam die Premiere der unzähligen Veranstaltungen, die Pauline bis an ihr Lebensende »erfinden« und leiten sollte. 1857 wird die Tochter Sophie geboren, die 1878 Albrecht Fürst zu Oettingen heiraten und zur »Stammutter« der noch heute in Österreich beheimateten Metternich-Linie werden sollte.
Die junge Gattin des österreichischen Gesandten in Dresden war mit Repräsentationspflichten voll ausgelastet, verfügte aber auch über vielseitige Talente, die ihr in ihrer Stellung sehr halfen: »Sie tanzte, spielte Theater, stellte lebende Bilder, schrieb entzückende Briefe und zog sich gut an« (Wassilko 55). Vor allem begeisterte sie das Theater, und unzählige »Liebhaber«-Aufführungen in der jeweiligen Residenz der Metternichs legen von dieser Liebe Zeugnis ab. Aber auch um die wirtschaftlichen und finanziellen Angelegenheiten des Hauses und der Güter kümmerte sich die Fürstin selbst.
1859 wurde Richard Metternich zum österreichischen Botschafter am kaiserlichen Hof in Paris ernannt, und damit begann eine dreizehnjährige fruchtbare Tätigkeit des Ehepaares im glänzenden zweiten Kaiserreich un-

ter Napoleon III. und seiner schönen Frau Eugenie. Das Verhältnis des Herrscherpaares zum Botschafterpaar war von Anfang an ein enges. Pauline verstand es, aus der Botschaft ein großes Haus zu machen, und überragte bald alle anderen diplomatischen Vertretungen. Die bauliche Umgestaltung der französischen Hauptstadt (durch Eugène Baron Haussmann) trug auch viel zur Änderung des gesellschaftlichen Charakters von Paris bei. Pauline war zwar fasziniert von dem Glanz, erkannte aber sehr bald, daß hinter dieser »Prunkfassade« eine ernstere Wirklichkeit verborgen war. Die Metternich entfaltete sich bald zur »Meisterin des gesellschaftlichen Lebens« und Titel wie »die Zauberin«, »die Fee«, »die Königin des kaiserlichen Paris«, »die Königin der Mitternacht« und der »erste Stern in der Plejade der entzückenden Frauen um Eugenie« wurden ihr sehr bald verliehen. Der Ball etwa, der 1867 anläßlich der Weltausstellung durch die Metternichs gegeben wurde, überstrahlte alles, was in dieser Zeit an Festlichkeiten veranstaltet wurde. Aber auch kleinere, zwanglose Zusammenkünfte, zu denen neben der Hofgesellschaft, dem diplomatischen Korps und Mitgliedern der Regierung stets auch Vertreter aus Kunst und Wissenschaft geladen waren, gehörten sowohl in Eugenies als auch in Paulines Programm. Ferner wandte die Gattin des österreichischen Botschafters ihr Augenmerk auch den verschiedensten Hilfsorganisationen zu, indem sie Wohltätigkeitsbälle und dergleichen veranstaltete, deren Einnahmen zweckgebunden waren. Auch anderweitige Sammlungen gingen auf Pauline zurück.

Mit einem für die Musikgeschichte wichtigen Ereignis ist ebenfalls ihr Name eng verbunden. Pauline ist das

Monarchie kam der Fürstin nicht unerwartet. Seit dem Tode Franz Josephs sah sie das Ende nahen. Im Grunde hatte sie immer davor gebangt und gezittert« (Wassilko 309). Sie zog sich immer mehr zurück und verbrachte die letzten Jahre in ihrer Wohnung, wo sie am 21. September 1921 an Altersschwäche starb. Zunächst am Hietzinger Friedhof beigesetzt, wurde ihr Leichnam vier Jahre später nach Banja überführt, wo sie in der Gruftkapelle an der Seite ihrer Eltern ruht.

Nach Richards Tod hatte ihr der damalige deutsche Botschafter in Wien, Philipp Graf Eulenburg, vorgeschlagen, doch einige Episoden aus ihrem Leben niederzuschreiben, deren Erinnerung ihr Freude bereiten, und diese vielleicht bei Gelegenheit zu veröffentlichen, damit ein größerer Kreis zu ihrer Kenntnis gelangen könnte. »So entstanden in den folgenden Jahren ihre Memoiren, die zunächst im Freundeskreis vorgelesen wurden, 1920 (in der Wiener Literarischen Anstalt) gesammelt im Druck erschienen: ›Geschehenes, Gesehenes, Erlebtes‹ und auch in die französische und englische Sprache übersetzt wurden. Zwei Jahre später wurde ›Eclairs du Passé‹ (das nur in Französisch erschienen ist) herausgegeben, deren Erscheinen die Fürstin nicht mehr erlebte. Das allfällige Erträgnis hatte sie der Poliklinik zugedacht« (Wassilko 239).

(Literatur: Theophila Wassilko, Fürstin Pauline Metternich. Wien 1958)

## *Der Großpapa*

### *Fürst Klemens Metternich*

### *Aus meiner Kindheit und meiner Jugendzeit 1845–1859*

Als mein Großvater – der Staatskanzler Fürst Metternich – eines Morgens zu seinen Füßen meine Tochter Sophie, welche damals anderthalb Jahre alt war, spielen sah, rief er aus: »Mein eigentlicher Beruf war der, Kinderfrau zu sein.«

Ich glaube kaum, daß in irgendeiner Biographie des Staatskanzlers von den Anlagen, die er in dieser Richtung gehabt haben mag, Erwähnung gemacht worden ist oder auch werden dürfte.

Dieser großväterliche Ausruf beim Anblick der kleinen Enkelin und zugleich auch Urenkelin dient mir als Richtschnur für die schwere Aufgabe, welche ich mir hier gestellt habe. Nicht vom Staatskanzler will ich erzählen – nein –, ich habe diesen nicht gekannt. Ich erinnere mich nur an den Großpapa; an den geliebten, guten Großpapa. In allen meinen Aufzeichnungen habe ich daran festgehalten, nur von Menschen und Ereignissen zu sprechen, so wie ich sie gekannt habe und wie sie mir in Erinnerung sind. Weiter nichts. Den Staatskanzler, den Minister, den Politiker mögen andere beurteilen, es mögen andere von ihm reden, ich werde nur vom Großpapa, vom Privatmann, erzählen, von seinem Leben, Treiben und Wirken im Familien-

und Freundeskreise, von den Menschen sprechen, die ich bei ihm gesehen und von welchen ich viel gehört habe, kurz und gut, meine Leser in das Alltagsleben des vortrefflichen, ja unübertrefflichen Vaters und Großvaters einführen. Was ich also da erlebt, gesehen, gehört und mitgemacht habe, will ich einfach wiedergeben.

Zugleich mit dem »Großpapa« sollen einige Jugenderinnerungen bis zu seinem Todestage, dem 11. Juni 1859, an uns vorüberziehen.

Der oben erwähnte Ausruf meines Großvaters beim Anblick seiner kleinen Enkelin bezeichnet ihn so ganz, wie er uns gegenüber war: gütig, freundlich, liebevoll, zärtlich, väterlich. Wir liebten ihn auch über alles und sahen zu ihm auf als zum besten Vater und zugleich zum verehrten Familienoberhaupte.

Der bloße Gedanke, ihm zu mißfallen oder ihm nicht zu gehorchen, wäre uns als ein undenkbares Vergehen erschienen. Alle folgten wir ihm, nicht etwa aus Furcht, sondern aus Liebe und weil wir das Gefühl hatten, daß seine Wünsche und Befehle nur unser Wohl im Auge hatten. Nichts an ihm war kleinlich, und ich wüßte niemanden, mit dem es so leicht und angenehm zu leben gewesen wäre als mit ihm. Wie nicht bald jemand verstand er mit Kindern, jungen Leuten und ganz einfachen, ja auch unbedeutenden Menschen zu verkehren.

Da sein Geist sich mitteilte, so geschah es dann, daß oft recht dumme Menschen im Verkehr mit ihm zum Erstaunen der Umgebung plötzlich ganz klug zu werden schienen und ebenso gescheite Fragen stellten als passende Antworten gaben. Mein Großvater war von einer Nachsicht in der Beurteilung der geistigen Anlagen, der Handlungen und der Charaktere, die wirklich als grenzenlos bezeichnet werden konnte. Er übte die größte Nachsicht, wenn es sich um seine Gegner und nicht nur seine Gegner, sondern seine ausgesprochenen Feinde handelte. Der Begriff eines persönlichen Grolls war ihm absolut fremd. All diejenigen, welche ihn kannten, werden darin mit mir übereinstimmen, daß seine Seelengröße noch bewunderungswürdiger als seine geistigen Anlagen war. Es dürfte allerdings selten vorkommen, in dieser Weise unparteiisch und loyal sich seinen Feinden gegenüber zu benehmen, wie er es sich zur Lebensregel gemacht hatte. Gewiß perhorreszierte er die Bestrebungen der Umsturzpartei und erklärte ihnen offen den Krieg – allein den Menschen gegenüber, welche anderer Meinung waren als er und von denen er glauben konnte, daß sie einer falschen und irrigen Richtung aus Überzeugung folgten, war er ein milder Beurteiler und trug ihnen persönlich nie etwas nach.

Ein tiefer religiöser Sinn mag auch viel dazu beigetragen haben, sein Urteil zu mildern. Er schritt seinem Lebensende, sich selbst stets läuternd und immer nach oben blickend, zu, und man konnte ihm wahrlich das Zeugnis geben, mit jedem Tag besser geworden zu sein.

In meiner frühesten Kindheit, und dies gehört zu meinen ältesten Erinnerungen, waren die Weihnachtsabende beim »Großpapa« die größte Freude unter den vielen Freuden, welche mir bereitet wurden. Um sieben Uhr, nach dem Familiendiner, welches nach damaliger Gewohnheit um fünf Uhr stattfand, wurde der große Saal in der Staatskanzlei mit dem herrlichen, riesigen Weihnachtsbaum in der Mitte eröffnet, und wir

flogen hinein und waren voll des Jubels über die schönen, zahlreichen Spielsachen, welche den großen Raum anfüllten. Die schönsten darunter kamen vom alten Baron Salomon Rothschild, welcher in treuer Anhänglichkeit an den von ihm verehrten Staatskanzler wohl wußte, daß er ihm keine größere Freude bereiten könne, als indem er seine Kinder und seine Enkelin in solcher Weise überraschte. Ich entsinne mich unter anderem eines großen Hauses, in welchem man ein- und ausgehen konnte – darin war ein Sitzzimmer und ein Küchenraum, beide ganz eingerichtet. Ein andermal stand ein Kolonialwarenladen da – dann wieder eine Rutschbahn ... es war berückend! Der gute Großpapa, welcher immer bei allen Bescherungen leer ausging, erfreute sich an unserer Glückseligkeit und beschenkte seinerseits groß und klein reichlich. Das sind meine Erinnerungen an die Staatskanzlei – man muß zugeben, daß sie kindisch sind!
Im Frühjahr, gegen den 10. bis 12. Mai ungefähr, zogen meine Großeltern nach der Villa am Rennweg hinaus, und am 15. wurde dort der Geburtstag des Großpapas gefeiert. Da gab es ein großes Diner, und nachher durfte ich erscheinen, obwohl ich natürlich schon des Morgens gratuliert hatte, und traf, wenn es schön war, die ganze Gesellschaft auf der Terrasse sitzend an, wo der Kaffee eingenommen wurde. Wenn der Flieder blühte, was bei uns in Wien um diese Zeit nicht immer der Fall ist, dann freute sich der gute Großpapa und führte seine Gäste im Garten herum, um die Blütenpracht bewundern zu lassen. Er war ein enthusiastischer Natur- und Blumenfreund und konnte sich in Ausdrücken des Entzückens über die Herrlichkeiten des Frühjahrs ergehen, wie ich es niemals oder wenig-

stens selten von anderen Menschen gehört habe. Der Garten reichte vom Rennweg bis zum Modenesischen Garten und umfaßte den ganzen Häuserkomplex der ehemals sogenannten Metternich-Gründe*.
Bis Ende Juni blieben die Großeltern in Wien, und wenn es die Staatsgeschäfte erlaubten, ging es dann entweder nach Böhmen oder nach dem Johannisberg am Rhein.
Fast täglich waren, so wie in der Staatskanzlei, Leute zu Tische in der Villa geladen, und allabendlich war Empfang. Eines Tages sah ich Fanny Elßler, welche zum Essen gebeten worden war! Meine Großeltern hatten sie sehr gern, denn sie bewunderten nicht nur ihre unübertreffliche Kunst, sondern auch die Vornehmheit ihres Wesens, ihres Auftretens und ihre überaus anziehenden eleganten Manieren. Ich sehe sie noch neben meinem Großvater im Salon sitzen, in einem gelben Seidenkleide mit einer Rose im Haare. Was mir damals schon auffiel, war die reizende Art, in welcher sie die Füße gekreuzt hielt. Der Großpapa rief mich und fragte: »Weißt du, wer diese Dame ist?« – »Nein, Großpapa«, erwiderte ich und sah bewundernd die edle Gestalt an, welche so vornehm dasaß.
Und welche Kopfform, welch fein geschnittenes Profil ...! Wie schön mußte Fanny Elßler sein, um einem Kinde einen solch unauslöschlichen Eindruck gemacht zu haben! »Nun«, sagte der Großpapa, »das ist die berühmte Fanny Elßler! Mache ihr eine schöne Verbeugung, wie du sie von deinem Tanzmeister gelernt hast.« Ich machte meine schönste Reverenz, und die Elßler meinte, sie mache mir und dem Tanzlehrer

* Gegenwärtig italienische Botschaft

Ehre. Da rief ich aus: »Ich kann noch viel mehr!« – »Nun, so machen Sie die fünf Positionen«, sagte sie, und kaum gesagt, waren auch die fünf Positionen zur Ausführung gebracht. Mein Großvater sagte zu Fanny Elßler: »Bis jetzt sind Sie durch meine Enkelin noch nicht in den Schatten gestellt.«

Meine Mutter, welche ebenfalls eine große Bewunderin der unübertrefflichen Tänzerin war, wollte, daß ich sie tanzen sehe, damit ich mir recht einpräge, was Hoheit und wahre Grazie bedeuten, und so wurde beschlossen, mich in die nächste Vorstellung des Balletts »Gisela oder die Willis« zu führen. Der Eindruck war ein unbeschreiblicher und unauslöschlicher. Heute noch sehe ich Fanny Elßler vor mir, und ich erinnere mich auch noch lebhaft der Tränen, welche vergossen wurden, als die idealisch schöne und rührende Willis, die Arme nach oben ausstreckend, im Grabe verschwand. Es war das Sterben der Poesie.

Mein Großvater, dem ich meine kindlichen Eindrücke wohl sehr lebhaft geschildert haben mag, bestimmte meine Mutter, mich Fanny Elßler auch in anderen Balletten sehen zu lassen, denn er war der sehr richtigen Ansicht, daß man der Jugend schon im frühesten Alter den Anblick alles Schönen und Edlen bieten müsse. Ich kann sagen, daß Fanny Elßler ganz unstreitig diejenige war, welche in mir die Liebe und Begeisterung für die Kunst geweckt hat.

Im Laufe des Sommers 1846 besuchten wir den Großpapa auf dem Johannisberg. Zwei bedeutende Persönlichkeiten, denen ich daselbst begegnet bin, sind mir in Erinnerung geblieben: Alexander von Humboldt und Radowitz. Von ersterem weiß ich nur so viel, daß er klein war und üppiges, schneeweißes Haar hatte, von letzterem, daß er kolossal schwätzte. Der Großpapa sagte mir, als er mich Humboldt vorstellte: »Da siehst du einen großen Gelehrten, neben welchem wir alle Unwissende sind!« Um auf Radowitz zurückzukommen, so kann ich nur wiederholen, daß er eine fabelhafte Suada hatte. Er sprach unaufhaltsam, wie ein Wasserfall; seinen Lippen entströmte ein förmlicher Schwall von Worten. Für mich waren sie natürlich sinnlos; es muß aber sehr interessant gewesen sein, da »die Großen«, wie ich sie nannte, atemlos lauschten und entzückt schienen.

Nun kam das verhängnisvolle Jahr 1848, und da hieß es eines Tages – am 13. März: »Der Großpapa muß abreisen!«

Meine Mutter weinte bitterlich von früh bis abends. Dann zogen Banden durch die Straßen, welche Steine in die Fenster schleuderten, an den Wache haltenden Soldaten vorübermarschierten, ihnen die Zunge zeigten und sie gröblich insultierten, und da sah ich denn auch einen Grenadier mit der großen, prächtigen Bärenmütze, welcher seinen Posten nahe an unserem Hause, beim Eingange der damals bestehenden Basteikasematten, hatte. Ihm warf man die schmählichsten Schimpfnamen zu, und er stand wie eine Mauer da, ohne sich zu rühren, während sein Gesicht immer bleicher und bleicher wurde. Welch furchtbaren inneren Kampf mag der Ärmste da wohl bestanden haben, um von seiner Waffe gegen diese verlotterte Bande keinen Gebrauch zu machen...! Ich kehrte mich zu meiner Erzieherin um und rief in meiner Empörung aus: »Les imbéciles!« (Diese Dummköpfe!) Sie erwiderte: »Non seulement des imbéciles, mais des misérables!« (Nicht nur dumm, sondern auch unglücklich!) – »Je ne parle

pas d'eux«, antwortete ich wütend, »mais du gouvernement!« (Ich spreche nicht von ihnen, sondern von der Regierung) – Sie lächelte. Ich wußte nicht, warum. Späterhin sagte sie mir einmal, daß die Beurteilung der Regierung so pedantisch und komisch aus Kindermund geklungen habe.
Meine Mutter erzählte mir unter Tränen und mit namenloser Entrüstung, daß Herren aus den aristokratischen Kreisen sich der revolutionären Bewegung angeschlossen hätten und am 13. März des Morgens bei meinem Großvater mit der Deputation erschienen seien, welche ihm in brutalster Weise bedeutete, daß er abzudanken habe! Graf B. und Graf F. waren mit der Deputation, den Hut auf dem Kopfe behaltend, eingetreten.
Wie Graf B. in späteren Jahren über sein Vorgehen gedacht hat, ist mir unbekannt. Graf F. aber hat dasselbe nicht nur tief bereut, sondern er ist auch zu meinem Großvater gekommen, um Abbitte zu leisten, als dieser im Jahre 1852 nach Wien zurückkehrte. Daß aber der gute Großpapa niemals den beiden Obgenannten nachgetragen hat, sich ihm gegenüber so benommen zu haben, ja selbst niemals auch nur diese Vorgänge erwähnt hat, brauche ich kaum zu sagen.
Meine Mutter lebte in namenloser Angst um ihren geliebten Vater und ihre verehrte Stiefmutter*, bis sie endlich erfuhr, daß sie nach vielem Ungemach und vielem Mühsal Holland und schließlich England erreicht hatten. Der Kaiser Nikolaus von Rußland, in seiner treuen Freundschaft und in Anerkennung des-

* Melanie geb. Gräfin Zichy-Ferraris, dritte Gemahlin des Staatskanzlers

sen, was mein Großvater für Europa geleistet hatte, ließ ihm gleich bei seinem Eintreffen in England die Summe von 100 000 Rubel mit dem Bedeuten zur Verfügung stellen, er denke, daß, nachdem der Fürst Wien so eilig verlassen mußte und auf dem ganzen Kontinent alles drunter und drüber gehe, es ihm vielleicht angenehm sein dürfte, über dieses bar daliegende Geld verfügen zu können. Das großmütige Anerbieten wurde dankbarst angenommen, jedoch nur unter der Bedingung, daß die 100 000 Rubel mit fünf Prozent bis zur Rückzahlung der gesamten Summe verzinst würden. Kaiser Nikolaus war zartfühlend genug, der Bitte nachzukommen, und begriff, daß ein Geldgeschenk eine Sache der Unmöglichkeit gewesen wäre.

Im Jahre 1849, es war im Mai, soviel ich mich erinnern kann, unternahmen wir die Reise nach England. Den Winter hatten die Großeltern in Brighton zugebracht und für den Sommer eine Villa in Richmond bei London gemietet, Old Palace genannt, welche an der Themse reizend gelegen war. Die Freude des Wiedersehens brauche ich nicht zu schildern. Da waren wir denn also wieder mit dem lieben Großpapa vereint und sollten bis Oktober bei ihm bleiben. Den ganzen Tag brachte ich bei einer Mrs. Jenkins zu, welche andere kleine Mädchen bei sich hatte, die sie durch ihre sehr nette Tochter unterrichten ließ, während sie die Oberaufsicht führte. Obwohl ich der englischen Sprache schon mächtig war, erlernte ich sie mit allen ihren Feinheiten und mit der echten, guten Aussprache erst damals in der »Boarding school« der Mrs. Jenkins, wo man kein anderes Wort als Englisch sprach und verstand.

Von allen Seiten strömten die Getreuen nach Old Pa-

lace, und wenn ich mich leider auch nur sehr oberflächlich derselben erinnere, so sind mir doch einzelne Persönlichkeiten unvergessen geblieben.
In erster Reihe waren es der Herzog und die Herzogin von Cambridge, welche in dem nahegelegenen Kew eine kleine königliche Villa bewohnten und die mehrmals im Laufe der Woche zu Besuch erschienen und als besondere Freunde Österreichs gerngesehene Gäste waren. Mit ihnen erschienen auch ihre beiden Töchter, die damalige Erbgroßherzogin von Mecklenburg-Strelitz und Prinzeß Mary, Mutter der gegenwärtigen Königin von England (später mit dem Herzog von Teck vermählt), Prinz George von Cambridge, ihr Sohn, und endlich ihr Schwiegersohn, der Erbgroßherzog von Mecklenburg-Strelitz. Die genannten Herrschaften hingen mit um so leidenschaftlicherer Verehrung an meinem Großvater, als sie entschiedene Gegner Lord Palmerstons waren, welcher zu dieser Zeit am Ruder war und den revolutionären Ideen huldigte, sowie sie auch wenig Sympathie für den Prince-Consort hatten, dessen Richtung ihnen sowie meinem Großvater wenig zusagte. Auch die Königin Viktoria nahm von meinem Großvater gar keine Notiz. Sie wußte gar wohl, daß ihm das Tun und Treiben ihres Schwagers, des regierenden Herzog Ernst von Sachsen-Koburg-Gotha, von jeher mißfallen hatte, daß ihm dessen utopistische Schwärmereien und seine nationalliberalen Ansichten durchaus nicht zusagten.
Außer den so vortrefflichen Cambridgeschen Herrschaften sah man auch oftmals die wie aus einem Ahnenbilde heraustretende, einst so berühmt gewesene Fürstin Lieven. Sie war stets ganz schwarz gekleidet, trug einen riesigen Calèche-Hut, einen grünen Augen-

schirm darüber, und hielt einen kolossalen Fächer vor. So zog sie imponierend und feierlich einher, ohne uns arme Erdenwürmchen auch nur eines Blickes zu würdigen.
Dafür, und im Gegensatze zu dieser würdevoll aussehenden alten Dame, diesem Wahrzeichen der großen europäischen Politik, sah man die zu Kongreßzeiten so gefeierte Schönheit Fürstin Bagration einhertrippeln. Wer sie nicht gesehen hat, hat wahrlich nichts Merkwürdiges gesehen, und unsere alles auf einen Schnitt und auf ein Maß ausgleichende Zeit kann auf die Freude – oder den Schrecken –, ein solches Wesen jemals zu erblicken, von Haus aus verzichten. Sie hatte vergessen, alt zu werden, und dünkte sich wohl noch in jener schönen Zeit, als Isabey sie mit Rosen bekränzt und in Wolken gehüllt, von Schleiern umgeben, gemalt hatte! Die Schleier und die Rosen waren allein zurückgeblieben, die Wolken mit der Schönheit davongeflogen. Die blonde Lockenfülle reduzierte sich auf fünf oder sieben gelbe Haare ... Die Haut war wie eine Zitrone geworden, der Körper, ja, der Körper, denn man sah ihn, war nur mehr ein klapperndes Gerippe.
Die arme Fürstin bedeckte sich kärglich mit einem Hemde aus feinstem Batist, mit zwei rosa oder lichtblauen Schleifen gebunden ... und das war alles! Man blieb sprachlos, und angsterfüllt flehte man zum Himmel, daß sich diese leichten Schleifen nicht lösen mögen. Das verwitterte Köpfchen zierte ein Hut, den eine achtzehnjährige Schäferin nur mit Zögern aufgesetzt haben würde. Und so gekleidet, wenn man es gekleidet nennen kann, erschien sie zu Besuch bei meinem Großvater. Die Ärmste machte allerhand neckische Avancen und warf ihm gerührte Blicke zu. Es war

ein unbezahlbares Schauspiel, wenn man meinen so würdig und vornehm aussehenden Großvater diese arme Mumie am Arme zu Tische schleppen sah. Sie hing an seiner Seite und sah ihn mit ihren faden blauen Augen so schwärmerisch an, daß alt und jung sich alle Mühe geben mußten, um nicht hell aufzulachen. Auch die einst berühmt schön gewesene Herzogin von Sagan, geborene Prinzessin von Kurland (in ihrer Jugend als Herzogin von Dino bekannt, die Nichte des Fürsten von Talleyrand), kam gleichfalls nach Richmond sowie auch später nach Wien, um meinen Großvater zu sehen.

Sie sah unendlich vornehm aus, trug sich äußerst elegant, aber ihrem Alter angemessen, und ist mir besonders dadurch aufgefallen, daß sie das schönste Deutsch sprach, welches ich jemals gehört habe, ihr Organ war vollklingend, und ich meine, ich höre jetzt noch den melodischen Laut ihrer geradezu wunderbaren Sprache.

Gleichfalls in Richmond sah ich den damals in der Blüte der Jahre stehenden Benjamin Disraeli. Mehr über ihn zu sagen, als daß ich ihn oft, ja sehr oft gesehen, steht mir nicht zu, da ich zu damaliger Zeit wohl Eindrücken wie jene, welche die Fürstinnen Lieven und Bagration sowie die Herzogin von Sagan hervorriefen, zugänglich war, mich aber ein Mann wie Disraeli, wenn er auch noch so beredt gewesen wäre, sehr kühl ließ. Eben deshalb, weil ich noch ein Kind war, kann ich, ich wiederhole es, nur Kindereindrücke wiedergeben; alles, was sich auf etwas ernstere Dinge bezieht, habe ich nur zeitweise, wenn wir Ruhe halten mußten, sozusagen aufgefischt, wie die unfreundliche Haltung der Königin Viktoria, das Fernbleiben Lord

Palmerstons, die Abneigung gegen alles, was Koburg und Orleans war.
Dreißig Jahre später sah ich Disraeli in London, und als er mit mir bekannt wurde, fing er gleich an, von meinem Großvater zu sprechen, und sagte mir wörtlich dieses: »Wenn ich den Fürsten Metternich hätte vergessen können, so hätten die Ereignisse dafür gesorgt, mir ihn in Erinnerung zu bringen. Alle seine Voraussagungen sind eingetroffen, er hatte wahrhaftig die Gabe prophetischer Weisheit!«
Im Oktober 1849 kehrte meine Mutter mit mir nach Wien zurück, um im Herbst 1850 wieder auf Besuch zum Großpapa, diesmal nach Brüssel, zu gehen und den Winter daselbst zu verweilen. England war auf die Länge der Zeit zu teuer geworden, es hieß sparen. Von den Millionen, welche der Fürst Metternich auf die Seite gebracht haben sollte, um sie in der Englischen Bank zu deponieren, wie es damals im Jahre 1848 alle revolutionären Blätter behaupteten, habe ich nie etwas gehört, und späterhin, als ich meinen Oheim heiratete, welcher selbst dann Erbe des gesamten Vermögens geworden war, auch nie eine Spur erblickt.
Wir fanden die Großeltern in Brüssel, im Hotel Bériot, Boulevard de l'Observatoire, installiert, welches Eigentum des berühmten Violinvirtuosen Bériot, des Mannes der Sängerin Malibran, war. Meine Mutter mietete ein kleines Häuschen in nächster Nähe. Dann zog aber mein Großvater wieder aus und nahm Wohnung in einem alten, dem Herzog von Arenberg gehörigen Hause, Place du Grand Sablon, und wir logierten uns Rue des Meriennes ein, einer engen, düsteren Gasse, die der Inbegriff alles Traurigen war. Der Aufenthalt in Brüssel hat mir keinen angenehmen Eindruck hin-

terlassen; es mag wohl deshalb gewesen sein, weil ich infolge eines anhaltenden, sehr heftigen Darmkatarrhs drei Monate lang mich recht unbehaglich fühlte.
In Brüssel war der Zudrang zu meinem Großvater wenn möglich noch größer als in Richmond, und man kann behaupten, daß halb Europa ihn aufgesucht hat. Eines Tages ließ sich der bekannte Sozialist Louis Blanc bei meinem Großvater anmelden, worüber meine Großmutter sich empört zeigte. Sie nannte es eine Vermessenheit, daß sich so ein Spitzbube unterstünde, das Haus zu betreten, allein es half nichts, der Großpapa erklärte, daß es ihn sehr interessieren würde, Louis Blanc seine Theorien entwickeln zu hören, und man bat ihn zu kommen.
Der Repräsentant des ultrakonservativen Prinzips und der Führer des Ultraradikalismus hatten eine lange Unterredung miteinander, sie überzeugten sich gegenseitig nicht, doch soll sich nach dieser Zusammenkunft Louis Blanc dahin geäußert haben, daß es ihm immerhin schwergefallen sei, die Argumente des Fürsten Metternich zu widerlegen. Wie dem auch sei, wäre er vom greisen Staatskanzler ganz entzückt gewesen, und seine Güte, seine Ruhe in der Diskussion hätten ihm einen tiefen Eindruck gemacht, um so mehr, als er ihn ganz verschieden von dem gefunden habe, was er sich vorgestellt hatte. Auch mein Großvater äußerte sich über die Persönlichkeit Louis Blancs in sehr anerkennender Weise. Meine Großmutter war darüber empört: »Jetzt lobt er ihn auch noch!«
Der Geschichtschreiber Thiers erschien dann auch bei meinem Großvater und hatte lange Besprechungen mit ihm. Er wollte verschiedene Aufklärungen über die napoleonische Kaiserzeit haben, da er eben sein Werk »Le Consulat et l'Empire« schrieb.

Das Jahr darauf kam er nach Johannisberg, um den genauen Vorgang der Unterredung meines Großvaters mit dem Kaiser in Dresden kennenzulernen.
König Leopold der Belgier gehörte auch zu den eifrigen Besuchern und holte sich gerne Rat bei meinem Großvater. Er galt, wie bekannt, als der stets gewählte Vermittler zwischen allen Kabinetten und war, wie mein Großvater sagte, einer der besten Diplomaten, die ihm untergekommen wären. Sehr bedächtig, sehr voraussichtig und unendlich schlau.
Im Sommer 1851 begab sich der Großpapa nach dem Johannisberg. Die Revolution hatte ausgetobt, und ihr verhaßter Gegner durfte nach Deutschland zurückkehren. Kaiser Franz Joseph ließ zugleich meinem Großvater mitteilen, daß er anstandslos, ohne der Regierung Verlegenheiten zu bereiten, wieder nach Österreich kommen könne, und so traf er mit den Seinen im Oktober desselben Jahres in Wien, von Linz per Dampfschiff kommend, ein und wurde von all seinen Freunden und Getreuen jubelnd empfangen.
Und so waren wir denn endlich alle wieder in der Heimat glücklich vereint, und das Familienleben konnte ungestört wieder aufgenommen werden. Ungefähr dreimal in der Woche speisten wir beim Großpapa, und fast jeden Abend brachten wir in seinem Hause am Rennweg zu, welches der Sammelplatz aller Diplomaten sowie auch der gesamten Wiener Gesellschaft wurde. Zu den getreuesten Gästen gehörten unter anderen: der Feldmarschall Fürst Windisch-Graetz, der Dichter Freiherr v. Zedlitz, der englische Botschafter Lord Westmoreland und seine sehr geistreiche Frau, der französische Botschafter Baron Bourqueney, dessen jüngsten Sohn mein Großvater aus der Taufe gehoben hatte.

Es kam oft vor, daß ich nach dem Diner, wenn meine Eltern ins Theater gingen oder meine Mutter anderes vor hatte, bei den guten Großeltern allein blieb, mit ihnen gemütlich plauderte, von meinem Großvater Aufklärungen über dies und jenes verlangte und mir von seinen Erlebnissen wie von manchen Menschen erzählen ließ.

Gleich nach dem Essen machte er ein kleines Schläfchen, welches nie länger als eine Viertelstunde währte, dann nahm er die Abendblätter her, las, und wenn er des Lesens müde war, unterhielt er sich mit uns. Wäre ich älter gewesen, ich hätte besseren Nutzen von diesem Zusammensein gezogen und, weiß Gott, Gelegenheit gehabt, die interessantesten Aufschlüsse über die Zeit seines Wirkens zu erhalten. So ist mir nur einiges geblieben, und ich könnte heute blutige Tränen über meine Dummheit weinen, die mich um so vieles gebracht hat. Über eine dieser Geschichten pflegten wir sehr zu lachen. An dem Tage, an dem er in den Fürstenstand erhoben wurde, 20. Oktober 1813, fragte ihn sein Kammerdiener Giroux: »Votre Altesse mettra-t-elle l'habit, que Son Excellence portait hier?« (Werden Eure Hoheit den Anzug anziehen, den Seine Exzellenz gestern trugen?)

Der Großpapa erzählte aber auch gern vom großen Napoleon, dessen Feind er, im gewöhnlichen Sinne des Wortes, durchaus nicht war. Er war Feind seiner Eroberungssucht und sah ihn als eine Geißel Europas an; allein auch in diesem Falle, wie er es denn immer tat, ließ er dem Menschen die höchste Gerechtigkeit widerfahren und beklagte es, daß der geniale Mann sich nicht im Zaume zu halten verstanden hatte und, nachdem er siegreich die Französische Revolution bekämpft, sich nicht darauf beschränken wollte, Ordnung in seinem Lande zu erhalten. Wie oft sagte er, daß es keinen Menschen gegeben habe, mit welchem eine Unterhaltung so anziehend und fesselnd gewesen wäre als mit dem Kaiser Napoleon. Er wußte jedem Thema eine interesante Wendung zu geben, so daß man nicht müde wurde, mit ihm zu konversieren. Von der Kaiserin Josephine erzählte der Großpapa, sie sei gutmütig, aber eher unbedeutend gewesen und hauptsächlich mit ihrer Toilette beschäftigt, für welche sie Unsummen ausgab. Ihre Tochter, die Königin Hortense, bezeichnete er als die besterzogene Frau, die er je gekannt habe, und meinte, daß niemand ihr an Liebenswürdigkeit, Entgegenkommen und vornehmen Manieren gleichkam. Von der Fürstin Pauline Borghese sprach er als von der schönsten Frau, die ihm in seinem ganzen Leben vorgekommen sei. Sie war von ihrer eigenen Schönheit derartig berauscht, daß sie davon sprach, als ob es sich um eine andere Person handle, deren Vollkommenheiten sie gerühmt haben würde.

Über die Kaiserin Marie Luise aber ließ sich mein Großvater nur ungern aus, doch fühlte man aus seinen Reden, daß er ihr keine besondere Sympathie entgegenbrachte. Als sie mit meiner Großmutter, der ersten Frau des Staatskanzlers, Eleonore Kaunitz, nach ihrer per Prokuration stattgefundenen Heirat von Wien nach Paris fuhr und beim Abschied von der Heimat Tränen vergoß, trachtete ihre Begleiterin, sie zu trösten, worauf die junge Kaiserin erwiderte: »Was wolln S', liebe Fürschtin, dös is holt das Schicksal von die Prinzessinnen!« Die Frau des großen Napoleon hätte vielleicht eine andere Antwort geben können. Wenn auch

Kaiser Napoleon ein glänzender »Causeur« war, konnte er anderseits von einer Unhöflichkeit sein, die ihresgleichen nicht hatte. So unterließ er es nie, meiner kränklichen und nichts weniger als eitlen Großmutter, welche er, nebenbei gesagt, ihres Verstandes wegen ganz besonders hochstellte, bei jedem Zusammentreffen eine scherzhafte Bemerkung über ihr übles Aussehen und ihre Magerkeit zu machen; so zum Beispiel: »Princesse Laure, nous vieillissons, nous maigrissons, nous enlaidissons!« (Wir werden immer älter, immer magerer, immer häßlicher!) Daß sie darüber zu lachen pflegte, gefiel ihm, und er setzte hinzu: »Décidément, vous avez plus d'esprit que toutes ces grues qui vous entourent!« (Sie haben entschieden mehr Geist als all diese Schnepfen rund um Sie!)

Wenn der Großpapa von den Festen und Bällen, welche zur ersten Kaiserzeit in Paris stattfanden, erzählte, da war ich ganz Ohr. So kam einmal die Sprache auf das Tanzen von einst und jetzt. Da sagte er uns, daß damals bei den Quadrillen solche Pirouetten und Entrechats Mode waren, daß bei einem Feste einer der berühmten Tänzer, welchem er zusehen wollte, ihn bat, sich etwas zu entfernen, weil es leicht möglich wäre, daß die Nebenstehenden Verletzungen davontragen würden. Wer jetzt den schläfrigen und wenig graziösen Gang der Tänzer ansieht, kann sich wahrlich nicht vorstellen, wie das Tanzen vor hundert Jahren gewesen sein mag.

Mit großer Anhänglichkeit erinnerte sich stets mein Großvater in seinen Gesprächen an den König Friedrich Wilhelm III. von Preußen und seine Gemahlin, die Königin Luise. Er konnte nicht genug ihre Schönheit, ihren Liebreiz, ihre Anmut und Güte preisen. Kö-

nig Friedrich Wilhelm III. hatte ihm das Versprechen abgenommen, seinen Söhnen ein treuer Ratgeber zu bleiben und ihnen niemals die Wahrheit vorzuenthalten, wenn er es für nötig erachten sollte. Das Versprechen wurde auch getreulich gehalten.
Um nun auf die Erzählungen des Großpapas zurückzukommen, will ich die, welche sich auf den vortrefflichen Kaiser Franz beziehen, den er so unaussprechlich liebte und verehrte, nicht unerwähnt lassen. Lachend beschrieb er uns die Quartettabende, bei welchen der gute Kaiser Cello und er Violine spielte. Zuweilen soll es mit dem Zusammenspiel recht holperig gegangen sein, und überhaupt, meinte er, würde der Ohrenschmaus den Zuhörern nur geringe Genüsse bereitet haben. Glücklicherweise wohnte niemand diesen Quartettabenden bei.
Kaiser Franz frug meinen Großvater einmal, »ob er jemals gerne Romane gelesen habe«. Auf die verneinende Antwort hin sagte der Kaiser, er habe niemals einen solchen gelesen und es würde ihn versuchsweise unterhalten zu sehen, ob er Interesse daran finden könnte. »Verschaffen Sie mir doch einen recht interessanten Roman, und lesen wir ihn jeder für sich, vielleicht finden wir Vergnügen daran«, setzte der Kaiser hinzu. Tags darauf sandte mein Großvater dem Kaiser einen Roman, den damals gerade alle Welt verschlang, und jeder ging nun ans Werk. Als Kaiser und Staatskanzler sich wieder begegneten, frug ersterer: »Na, interessiert Sie unser Roman?« – »Ich muß Eurer Majestät gestehen, daß ich es nicht über die zwölfte Seite gebracht habe.« – »Ah, da sind Sie tapferer als ich«, erwiderte Kaiser Franz, »ich habe bei der achten Seite schon ausgespannt.«

Die kärglichen Erinnerungen, die ich von den abgerissenen Gesprächen behalten habe, sind für mich deshalb beschämend, weil ich eigentlich Bände damit anzufüllen in der Lage gewesen wäre, wenn nicht meine Jugend mir als Entschuldigung dienen würde. Man hört doch nur mit einem Ohre zu und denkt, wenn das Gespräch ernster und länger wird, an alles andere, nur nicht an das, was gesprochen wird, wenn man nicht durch einen Lehrer zur Aufmerksamkeit angehalten wird.
Nach dem Theater kamen allabendlich Leute in den Salon meines Großvaters, und oft war deren Zahl so groß, daß man kaum Platz fand, sich zu setzen. Da mein guter Großvater sehr taub geworden war, so konnte er sich nur immer mit einer Person unterhalten, welche furchtbar laut sprechen mußte, so daß einige schüchterne Menschen darüber in namenlose Verlegenheit gerieten. Meine Schwägerin, damals noch Tante Melanie, verlobte sich mit einem entfernten Vetter, Grafen Josef Zichy, und die Hochzeit fand 1853 in der Hauskapelle abends statt. Nach der Trauung kam ganz Wien zur Gratulation. Meine Großmutter – eigentlich Stiefgroßmutter –, welche wunderschön gewesen und noch sehr schön war (sie hatte eine klassische Kopfform und wunderbare Augen, wovon eines grün und das andere blau war), frug, als sich die Gäste entfernten, den französischen Botschafter Baron Burqueney, welche von all den anwesenden Frauen er als die schönste gefunden habe, worauf er erwiderte: »C'était incontestablement vous, Princesse!« (Unbestreitbar Sie, Prinzessin!) Und anstatt falsche Bescheidenheit zu heucheln, antwortete sie: »Ma foi, vous avez raison.« (Meiner Treu, Sie haben recht.)

schon bemerkt habe, sehr schwerhörig war, saß noch immer wartend und in sich versunken da; der stimmlose Sänger hatte eben seine letzte abwesende Note ausgehaucht, als der Großpapa, sich gegen uns wendend, frug: »Wann fangt er denn an?« Da platzten ich und mein Onkel Lothar, welcher mein Altersgenosse war, mit einem solchen Gelächter heraus, daß wir zusammenbrachen und unter dem Klavier verschwanden. Wir wurden hinausgeschafft und durften uns, solange der Fürst Belgiojoso dablieb, nicht mehr sehen lassen.

Mein Onkel Richard, welcher ausgesprochenes musikalisches Talent hatte, mußte öfter mit mir dem Großvater vierhändig vorspielen, und es waren zumeist die Ouvertüren der Rossinischen Opern, welche wir auf seinen Wunsch vortrugen. Andächtig hörte er unserem Geklimper zu, denn obwohl Richard wunderschön phantasierte, so war er doch ein schlechter Notenleser, und da ich eine sehr mittelmäßige Virtuosin war, so konnte der musikalische Genuß nur einem väterlichen und großväterlichen Ohre allenfalls genügend erscheinen.

Unvergeßlich bleibt mir ein Besuch, den mein Großvater erhielt; nämlich den der Kaiserin Maria Anna, der Gemahlin des Kaisers Ferdinand. Er fand in der Villa statt. Die Kaiserin, welche sich auf der Rückreise von Italien ein oder zwei Tage in Wien aufhielt, wollte ihn sehen; da sie aber wußte, daß er keine Audienzen mehr nehme und nicht einmal seine Aufwartung beim Kaiser gemacht habe, so fand sie es nicht passend, ihn zu sich zu bestellen, und ließ ihr Erscheinen anmelden. Eine hoheitsvollere Erscheinung als die Kaiserin Maria Anna kann man sich nicht denken. Sie war die Verkörperung der Majestät. Als sie im Vorhause erschien, stand mein Großvater, sich tief verbeugend, vor ihr. Sie blieb stehen, nickte ihm herablassend zu, zog ruhig und langsam den Handschuh der rechten Hand aus und reichte sie ihm mit einer Würde zum Kusse, die alles, was man sich vorstellen kann, übertraf. Mein Großvater seinerseits küßte die Hand der Kaiserin mit solch vornehmer Reverenz und tiefer Ehrfurcht, daß diese Begegnung mir eine unauslöschliche Erinnerung hinterlassen hat.

Im Jahre 1856 kam mein Onkel Richard auf Urlaub von Paris, wo er Sekretär bei der Botschaft war, nach Wien und wollte die Monate Januar und Februar hier zubringen. Klavierspiel und Sympathie hatten den Onkel und die Nichte genähert, und den 7. Februar hielt er um meine Hand an. Der Großpapa war über den Entschluß seines Sohnes hocherfreut, meine Eltern gleichfalls, aber meine Mutter war doch eher darüber betroffen, daß ich ihren Stiefbruder* heiraten sollte. Doch fand sie sich schnell hinein. Ich erinnere mich tiefgerührten Herzens des Empfanges, welcher mir zuteil wurde, als ich auf dem Rennweg als Braut erschien und der gute Großpapa, mich herzlich umarmend, mir sagte: »Ich bleibe für dich der Großpapa, du darfst mich nicht deinen Schwiegervater nennen, denn ich stehe dir als Großvater näher.«

So blieb er denn für mich der Großpapa, was viele Menschen im Auslande, welche die nahe Verwandtschaft nicht kannten, ganz konfus machte. Meine gute Mutter konnte sich lange nicht daran gewöhnen, mich

* Aus des Staatskanzlers zweiter Ehe mit Antoinette, Freiin von Leykam.

»die Fürstin Metternich« nennen zu hören, und eines Tages, als sie jemand, ungefähr sechs Wochen nach unserer Trauung, fragte: »Wie geht es der Fürstin Metternich?«, antwortete sie: »Sie ist ja tot.« – »Wie«, entgegnete ihr der Fragesteller, »tot – ja, seit wann denn?« – »Nun, seit drei Jahren.« Da klärte sich das Mißverständnis auf.
Richard war mittlerweile zum Gesandten in Dresden ernannt worden, und der gute Großpapa beschäftigte sich eifrig mit der Installierung unseres künftigen Heims. Er beabsichtigte, mit uns sein Silber zu teilen, und ließ sich die Liste desselben geben mit der Weisung, die Teilung auf einem losen Blatte neben dem Inventar zu schreiben. Als man ihm nun beides brachte, las er im Inventar: »Spargelzangen 2«, und auf dem anliegenden Blatte: »Für die jungen Herrschaften 2 – bleibt Seiner Durchlaucht keine.« Da rief er scherzend aus: »In meinem Hause scheint man meine sozialistischen Prinzipien gehörig in Anwendung zu bringen.«
Am 30. Juni 1856 fand unsere Vermählung beim Nuntius, dem mit der Familie engbefreundeten Monsignore Viale Prelà, statt. Die Mutter meiner Stiefgroßmutter, die alte Gräfin Molly Zichy-Ferraris, sollte derselben beiwohnen, als sie tags zuvor die Nachricht vom Ableben ihres Schwagers, des Grafen Ferdinand Zichy, erhielt. Sie erklärte, zu ihrem Bedauern in offizieller Weise der Trauung nicht beiwohnen zu können, versprach aber, versteckt hinter dem Altar Platz zu nehmen, was nun freilich, wie sich später herausstellte, unmöglich war. Als nämlich alles in der Kapelle versammelt war und der Nuntius angekleidet wurde, sah mein Großvater zum Altar hin, welcher so nahe an der Wand stand, daß nicht Platz für ein Blatt Papier gewe-

sen wäre, und sagte ganz laut, da er infolge seiner Taubheit seine Stimme nicht zu mäßigen wußte: »Où diable Molly a-t-elle bien pu se fourrer?« (Wo zum Teufel hat Molly sich da bloß verkriechen können?) Daß Richard und ich trotz dem Ernst der Feier nicht mit dem Lachen herausgeplatzt sind, ist mir heute noch ein Rätsel.
Nachmittag fuhren wir, nachdem wir in der Villa am Rennweg einen Imbiß genommen hatten, mittels Separatzuges auf die Besitzung meiner Mutter nach Mähren und von da aus vierzehn Tage später nach Dresden. Im Monat August erwartete uns der Großpapa in Königswart, wo er uns festlich empfing und in gewohnter, einfacher und gemütlicher Weise sich über alles freute, was vorging, und daran teilnahm, soweit es eben sein vorgerücktes Alter gestattete. Mit dreiundachtzig Jahren in vollster geistiger Frische, erfreute er sich mit wahrhaft jugendlich frohem Sinne an unserer Lustbarkeit und konnte über unsere tollen Späße bis zu Tränen lachen. Sein Leben auf dem Lande war so regelmäßig eingeteilt, so geordnet, so gut ausgefüllt, daß er sich nicht auch nur einen Augenblick langweilte. Er stand um acht Uhr auf, kleidete sich so an, daß er Besuche hätte empfangen können, frühstückte eine Tasse Tee und setzte sich gleich zum Schreibtisch hin, wo er die Zeitungen las und dann Briefe schrieb. Seine Schrift war bis in sein hohes Alter wunderschön geblieben. Überhaupt hatte er seine geistigen Fähigkeiten ungetrübt erhalten und las mit demselben Eifer und mit derselben Ausdauer wie in seinen jüngeren Jahren. Ja er verschlang förmlich alles, was an interessanten Büchern erschien, und konnte Stunden und Stunden bei der Lektüre verweilen. Über den jeden Samstag in Pa-

ris erscheinenden »Charivari« mit den Zeichnungen des unübertrefflichen Karikaturisten Cham konnte er so lachen, daß wir mitlachen mußten, ohne den Gegenstand seiner Heiterkeit zu kennen. Täglich machte er dann nachmittags seinen Spaziergang im Park und erfreute sich mit seltener Empfindungsfähigkeit und Begeisterung an den gebotenen Naturschönheiten. An Sonn- und Feiertagen wohnte er regelmäßig der heiligen Messe bei und las andächtig die Episteln des heiligen Paulus, für welche er eine große Bewunderung hatte.

Mit einem Vergnügen, welchem wir huldigten, konnte er sich nicht einverstanden erklären, nämlich mit der Jagd. Diese war ihm ein Greuel. Wenn das geschossene Wild in den Schloßhof gebracht wurde und er zufällig daran vorüberkam, warf er darauf einen mitleidigen Blick und unterließ es nie, einen Ausruf des Bedauerns fallenzulassen, so wie »armes Tier«, und uns unsere Grausamkeit vorzuwerfen. Seine Liebe zu Tieren war so groß, daß er selbst den lästigen Fliegen ein Freund war, und wenn er eine solche zwischen den Fenstern fand, scheute er nicht die Mühe, es zu öffnen und ihr die Freiheit zu schenken. Wir haben ihn einmal in Königswart ertappt, als er eine aufgestellte Mausefalle entfernte und ein Stückchen Zucker zum Mauseloch hinlegte. Er gestand uns, als wir ihm mit Entrüstung sagten, »das sei doch schon zu arg, daß er Mäuse züchte«, daß die in seinem Schreibzimmer täglich erscheinende besonders gescheit sei und es schade wäre, ihr etwas zuleid zu tun. Er setzte hinzu: »Sie kommt täglich um ihren Zucker und hat auch schon eine andere mitgebracht.«

Des Abends auf dem Lande spielte der Großpapa

Whist. Da er aber beim Spiele immer an andere Dinge dachte, so war er, wie mir Richard oft sagte, »ein bedenklicher Partner« und wurde sehr viel gescholten, was ihn lachen machte.

Im Oktober des Jahres unserer Verheiratung besuchte uns der Großpapa auf der Rückreise von Königswart nach Wien in Dresden und schien von unserem Heim entzückt zu sein.

Noch einmal, im Jahre 1858, besuchten wir den Großpapa, und zwar auf dem Johannisberg. Es war sein letzter Landaufenthalt. Das Jahr darauf, im Frühjahr 1859, zogen die Kriegswolken drohend auf, und bangen Herzens sah mein Großvater auf die Gefahren hin, welche der Ausbruch eines Krieges zwischen Italien und Österreich heraufbeschwören würde. Eines Tages besuchte Kaiser Franz Joseph den Großpapa, um in den politischen Komplikationen seinen Rat einzuholen. Der Großpapa sagte ihm: »Nur um Gottes willen kein Ultimatum an Italien!« – worauf der Kaiser antwortete: »Es ist gestern abgegangen.«

Die Aufregung, die er durch die Überzeugung erlitt, daß ein solcher Krieg für uns die schwerwiegendsten Folgen haben müßte, untergrub seine bis dahin so vortreffliche Gesundheit, und mit namenloser Betrübnis und unendlichem Schmerz konnten wir uns nicht mehr verhehlen, daß seine Tage anfingen, gezählt zu sein. Er sah öfter noch den damaligen Minister des Äußern, Grafen Buol-Schauenstein, und hatte auch später noch die Ehre, seinen Kaiser bei sich erscheinen zu sehen. Diese Besprechungen und Zusammenkünfte erschütterten ihn so gewaltig, daß wir ihn nachher immer ganz erschöpft fanden. Der Krieg wurde erklärt, und Richard erhielt den Befehl, als diplomatischer Adlatus sich mit dem Kaiser ins Hauptquartier nach Verona zu begeben, um ihm die Berichte des Ministers des Äußern zu unterbreiten und die kaiserlichen Entschließungen nach Wien zu übermitteln. Paul war in der Armee und mit seinem Regimente Savoyen-Dragoner am Feldzuge beteiligt. Richard und er sollten ihren Vater in diesem Leben nicht mehr wiedersehen.

Mein Großvater verfolgte die Ereignisse vom Kriegsschauplatze mit nicht erlahmendem Interesse, aber auch mit einem durch die ungünstigen Nachrichten hervorgebrachten, sich stets steigernden Gefühle unendlichen Leides und Kummers. Die geistigen Fähigkeiten erlitten nicht den geringsten Abbruch, und so kam es, daß man ihm nichts verheimlichen konnte, da er noch täglich die Zeitungen las und sich vollkommen Rechenschaft von der Lage gab, welche er noch am Vorabende seines Todes als eine verzweifelte bezeichnete.

Am Morgen des 11. Juni wollte er wie gewöhnlich aufstehen – er war nicht einen Tag bettlägerig gewesen –, allein seine Füße versagten ihm den Dienst, und er sagte dem Kammerdiener, er fühle sich zu schwach, um aufzubleiben, und müsse sich wieder hinlegen. Bestürzt lief der alte Diener hinaus, um uns benachrichtigen zu lassen, und ließ den Hausarzt Professor Dr. Jäger rufen.

Als wir eintraten, sahen wir, daß das Schreckliche über uns gekommen war; der ewige Abschied stand bevor. Ein Franziskanerpater, welcher täglich ins Haus kam, um in der Kapelle die heilige Messe zu lesen, war gerade erschienen. Professor Jäger, welcher bald darauf kam und sah, daß das Ende nahe war, fragte den Sterbenden, ob er den Pater nicht sehen wolle, was er mit

Freude und Dank bejahte. Als dem lieben Großpapa die letzte Ölung gespendet wurde, knieten wir alle weinend um sein Bett. Er war bei vollem Bewußtsein. Er bemerkte Lothar, welcher laut schluchzte, und machte ihm Zeichen mit der Hand, nicht zu weinen.
Bis zum letzten Atemzuge blieb er sich gleich, fürsorgend und ruhig. Als Professor Jäger, nachdem sich der Priester entfernt hatte, zum Bette hintrat, um nach dem Puls zu fühlen, lächelte der Großpapa sanft und zeigte mit einer Handbewegung, daß er kaum mehr gehe.
Das war das Ende des vielverpönten Metternichschen Systems. Unverbrüchlich treu seinem Kaiser und der Monarchie, seinen Feinden verzeihend, die Seinen segnend, ein unwandelbarer Freund seinen Freunden und im festen Glauben an die unendliche Barmherzigkeit seines Gottes hauchte er kurz darauf seine edle Seele aus.

von der väterlichen Seite geerbt, die Güte und Großmut von der Mutter. Graf Vinzenz Sándor hatte zwischen seinem Hause und dem Theatergebäude einen Verbindungsgang. Allabendlich besuchte er das Theater, und der Befehl war ausgegeben, daß die Kinder tagtäglich bitten müßten, mitgenommen zu werden. Jedesmal aber, wenn die Bitte vorgetragen wurde, bekamen sie zur Antwort: »Ich kann das ewige Betteln nicht leiden!«

Der kleine Moritz entschloß sich nun eines Tages, nicht mehr um die Erlaubnis zu bitten, und da gab es denn regelmäßig Schlag dreiviertel auf sieben Uhr eine furchtbare Szene, und es regnete Strafen auf den Trotzkopf herab. Allein nichts half da, und er erklärte seiner Mutter: »Ich werde nicht mehr bitten, ich will nicht Bettler genannt werden.«

Er hat das Wort gehalten. Merkwürdigerweise äußerte sich aber die furchtbare Strenge meines Großvaters nur in kleinen Dingen. Darin quälte er die Kinder ganz entsetzlich, während er in bezug auf die eigentliche Erziehung und den Unterricht keinen Einfluß nahm. So kam es denn, daß mein Vater, welcher von Natur aus mit den glänzendsten Anlagen ausgestattet war, gar nichts gelernt hatte, und erst als Graf Vinzenz starb und er mit siebzehn Jahren sein eigener Herr wurde, das Nötigste aus freiem Antrieb nachholte und sich als Autodidakt aneignete.

Er las und behielt das Gelesene. Der deutschen Sprache in der Schrift kaum mächtig, lernte er in wenigen Monaten sie nicht nur fließend, sondern vortrefflich schreiben, so daß seine Briefe wirklich mustergültig waren. In gleicher Weise erlernte er, und zwar auch in der kürzesten Zeit, Französisch und Italienisch; dann setzte er sich zum Klavier hin, und er, der nur ein bißchen zu klimpern gelernt hatte, brachte es dahin, ganz hübsch Walzer und ungarische Weisen vorzutragen, so daß er oft in Gesellschaft gebeten wurde, zum Tanz aufzuspielen. Späterhin nahm er Unterricht im Zitherspielen und komponierte kleine steirische Lieder. Das beste und ähnlichste Porträt, welches von ihm existiert, stellt ihn zitherspielend dar. Es ist ein lebensgroßes Brustbild von Einsle, in den vierziger Jahren gemalt, und befindet sich im Schlosse Bajna. Die verfehlte Erziehung in bezug auf das Wissen konnte allenfalls nachgeholt werden, nicht aber hinsichtlich der Bekämpfung und Milderung des unbändigen Charakters, den überdies eine sinnlose Strenge noch unbändiger gemacht hatte.

Wer aber auch hätte es übernehmen können oder sollen, den übermütigen, zu früh unabhängig gewordenen Jüngling in die Zucht zu nehmen? Seine gute Mutter war schon einige Jahre früher gestorben, als die Nachricht von dem Tode seines Vaters ihn in Neapel ereilte. Er kehrte schleunigst nach Ungarn zurück. Der ihm von seinem Vater bestellte Vormund, Gabriel Graf Keglevich, der Mann seiner Schwester Mathilde, ließ ihn gleich großjährig erklären. Nun fühlte sich mein Vater wie ein von langjährigen Fesseln befreiter Sklave, und es bleibt immerhin bemerkenswert, daß er im eigentlichen Sinn des Wortes diese über ihn hereingestürmte Freiheit nie mißbraucht hat. Außer den tollen Streichen, die er teils zu Pferd, teils zu Wagen verübte, hat er nie etwas getan, was seinem Ruf irgendwie hätte schaden können oder seine soziale Stellung und sein Vermögen erschüttert haben würde.

Nie hat er gespielt, nie auch nur einen Tropfen Wein

getrunken. Seine Gesundheit war das Phänomenalste, was man sich nur denken kann. Abgesehen von einem Scharlach, der ihn im Alter von vier Jahren heimsuchte, war er nicht eine Stunde jemals krank gewesen oder selbst auch nur unpäßlich. Wenn er zu Bett liegen mußte, so geschah dies nur infolge von Beinbrüchen oder Verrenkungen, welche er sich unzähligemal durch Stürze vom Pferd oder aus dem Wagen zugezogen hatte. Er brach dreimal das rechte Bein, ein paarmal die beiden Arme und unzähligemal die Schlüsselbeine und Rippen. Das Bein wurde so schwach, daß es beim geringsten Anlaß aus der Kugel kam und eingerichtet werden mußte. Wie oft dies geschehen, weiß ich nicht genau, allein das weiß ich, daß es alle Augenblicke hieß: »Papa hat sich das Bein ausgekegelt.« Beim Einrichten verzog er nie auch nur eine Miene, und wenn die Leute nicht fest genug zogen, sagte er ganz ruhig: »Nur herzhaft – ich bin ja nicht von Glas!« Dieses unglückselige Bein trug er jahrelang in einem eisernen Schienenverband, und Velpeau in Paris und Ashley Cooper in London wollten es ihm amputieren, da sie sagten, es käme der Schwund dazu und die Gefahr des Brandes sei sehr groß. Ein alter Bauer im Gebirge bei Blümbach hat meinen Vater ohne Operation ganz hergestellt.

Graf Vinzenz hat nie gestattet, daß sein Sohn reiten, fahren oder jagen dürfe. Er ist trotzdem – ich glaube, daß es eine unbestrittene Tatsache ist – der beste Reiter und Fahrer seiner Zeit sowie einer der vorzüglichsten Schützen geworden.

Als nun mein Vater nach Bajna kam, nahm er nicht nur die Zügel der Regierung, sondern auch gleich die seiner Pferde in die Hand. Kaum dem Wagen entstiegen, eilte in den Stall und gab den Befehl, ein prächtiges englisches Vollblutpferd, welches ihm in die Augen fiel, zu satteln. Sein alter Erzieher, ein gewisser Kosztarovics, welcher im Hause geblieben war und sich, wie mein Vater behauptete, schon vor ihm gefürchtet hatte, als er sieben Jahre alt war, wagte die Bemerkung, das Reiten sei eine Sache, die erlernt werden müsse, man könne sich nicht so ohne weiteres auf ein feuriges Pferd setzen, und der Herr Graf würde gleich herabgeworfen werden. Er erhielt zur Antwort: »Wer das Reiten erst lernen muß, der erlernt es nie.« Der junge Graf sprach's und schwang sich auf das Roß. Zum allgemeinen Erstaunen ging es nicht nur ganz glatt ab, sondern der Reiter schien wie angenagelt zu sitzen und tummelte das Pferd herum, als ob er in seinem Leben nie etwas anderes getan hätte. Da ließ er dann eine Stange halten, sprang mehrmals darüber und befahl endlich, die Sattelgurte zu lösen. Zitternd und bebend wurde der Befehl vollbracht, und nun ritt der kühnste aller Reiter zuerst auf dem losen Sattel herum, dann bog er sich plötzlich herab, riß ihn fort, warf ihn beiseite und sprang über eine fixe Barriere mehrmals hinüber und herüber, so daß alles mit offenem Munde dastand... Endlich stieg er ab, und sich zum alten Kosztarovics wendend, sagte er ihm: »Du siehst, ich bin für das Reiten geboren, was hätte man mich denn da noch lehren sollen?«

Vom Pferde ging es zum Wagen, und auch da zeigte sich der Meister. Vom ersten Tage an, als er die Zügel in die Hand bekam, war er auch der beste Fahrer geworden, der jemals ein Pferdegespann geleitet hat. Ich muß aber hier zurückgreifen, indem ich bemerke, daß mein Vater einmal schon zu Lebzeiten des Grafen Vinzenz dessen Stallmeister bewogen hatte, ihn kutschieren zu lassen, und zwar mit zwei Pferden, welche meinem Großvater nicht zusagen wollten, da er sie als zu langsame Geher befunden hatte. Mein Vater stieg nun im Hofraum auf, aber anstatt dort zu bleiben, trieb er die Pferde an, fuhr zur Verzweiflung des Stallmeisters mit Blitzesschnelle hinaus und verschwand auf Nimmerwiedersehen. Da erblickt er von weitem den mit sechs Pferden bespannten väterlichen Wagen, und ohne sich zu besinnen, ja selbst mit wahrer Todesverachtung, holt er ihn ein... und... jagt – die Eltern respektvoll grüßend – vorbei. Graf Vinzenz war vor Schreck starr! Alles zitterte an ihm vor Wut. Meine arme Großmutter war gebeugt. Die Heimfahrt wird angeordnet, und zu Hause angelangt, findet man den Sohn an der Treppe stehend. »Wer hat dich kutschieren lassen?« – »Ich habe mich auf den Wagen gesetzt und bin, ohne zu fragen, spazierengefahren. Der Stallmeister ist unschuldig – ich bin ihm durchgebrannt.« – »Wer hat dich fahren gelehrt?« – »Niemand – ich selbst. Ich fühle, daß jedes Pferd mir gehorchen muß, weil ich jedes Pferd zu behandeln weiß. Sie sehen, wie diese Pferde, die Ihnen zu langsam waren, gehen, wenn ich sie führe – ich bin Ihnen leicht vorgefahren.« – »Maul halten«, schrie der alte Herr und ließ sich hinauftragen. Kaum oben angelangt, kehrte er sich gegen meine Großmutter um, welche noch immer bebte, und rief: »Der Teufelskerl fährt aber wirklich famos – schade, daß meine Kutscher nichts von ihm lernen können!« Und die erwartete furchtbare Szene blieb aus.

Es war eine merkwürdige Tatsache, welche Macht mein Vater über die Pferde zu gewinnen wußte. Späterhin, als er seinen Stall hatte und ihn täglich besuchte, geschah es regelmäßig, daß, wenn er ihn betrat und in gewohnter Weise laut sprechend auch die Tiere bei ihrem Namen anrief, diese – um mich zart auszudrükken – von einer leichten Cholerine befallen wurden. Sie erkannten den Herrn und Meister...

Mein Vater besuchte England, und auch dort erregte er durch seine unerreichte Art zu reiten allgemeine Bewunderung. Kaum vierzehn Tage im Lande, war er schon eine in der Sportwelt berühmt gewordene Persönlichkeit. In Melton Mowbray, wo er die Parforcejagden mitritt, versetzte er alles in Erstaunen durch seine Kühnheit, seine Gewandtheit und seine fabelhafte Unerschrockenheit. Die Pferdehändler baten ihn, Pferde, die niemand zu besteigen wagte, zu versuchen. Einer der bekanntesten unter ihnen, Anderson, zeigte ihm ein wundervolles Tier und sagte: »Wenn Sie es dazu bringen, das Pferd in Melton zu reiten, und nicht gleich abgeworfen werden, so überlasse ich es Ihnen um den Spottpreis von hundert Pfund.« Mein Vater nimmt den Handel an, und das Pferd kommt nach Melton. Auf den Rendezvousplatz läßt er es abseits führen und schwingt sich darauf. In demselben Augenblick bäumt es sich, und gleich darauf geht es durch. Mein Vater läßt es dahinrasen; dann plötzlich – wahrscheinlich infolge der Kunst des Reiters – beruhigt es sich, und als dies zur Genüge geschehen war, kehren Roß und Reiter zum Sammelplatz zurück, wo der zu Tode erschreckte Pferdehändler leichenblaß dasteht. Mein Vater kommt im Canter auf ihn zu und sagt ihm: »Das Pferd ist vortrefflich, ich danke Ihnen, es mir verschafft zu haben, morgen erhalten Sie Ihr Geld.« Anderson kehrt sich darauf gegen die zahlreich versam-

melten Herren um und ruft aus: »That is not a man, that is the devil!« (Das ist kein Mensch, das ist der Teufel!)
Als mein Vater England verließ, kam er durch London, und als er eines Tages durch Regent Street ging, sah er vor dem bekannten Bilderladen Ackermann eine große Anzahl Neugieriger stehen. Er nähert sich... und was sieht er in der Auslage hängen? Bilder, einen Reiter im roten Frack darstellend, unter welchem zu lesen war: »Melton Mowbray, Count Sandors exploits.« Ich besitze die ganze Serie.
Ein Jahr darauf, es muß im September 1834 gewesen sein, als mein Vater sich zur Hirschjagd in Bajna befand, wurde eines schönen Tages ein Herr angemeldet, von welchem der Kammerdiener sagte, er scheine ein Engländer zu sein und wäre in einem schönen Reisewagen vorgefahren. Zu damaliger Zeit, wo man von Wien nach Bajna sechsunddreißig Stunden fuhr, war ein Reisender ein Wunderding. Mein Vater, höchst erstaunt, geht hinaus, um sich den seltenen Gast anzusehen, und steht einem sehr fein aussehenden Herrn gegenüber, der ihn mit den Worten anspricht: »Sie sind der Graf Sándor, der in Melton Mowbray im vorigen Jahre auf den Parforcejagden so großes Aufsehen erregt hat? Man hat mir ganz unglaubliche Dinge über Ihr Reiten und auch Fahren erzählt. Da wollte ich mich selbst überzeugen, ob denn alles richtig ist, und bin eigens von England hierher gereist und hoffe, daß Sie so gut sein werden, mir Ihre Reit- und Fahrkünste vorzuführen.«
Mein Vater war von dieser etwas ungenierten Art, sich einzuführen, nicht eben sehr angenehm berührt, allein er war in England so gut aufgenommen worden, und

er wußte wohl, daß man sich über viele Eigenheiten der Engländer hinwegsetzen müsse, so daß er als echter Ungar, welchem Gastfreundschaft im Blute steckt, den sonderbaren Besucher ins Schloß lud und ihm versprach, sein bestes Können zu zeigen.
Nun ging es bald los; es wurde wie toll geritten, über alle Hindernisse hinweggesetzt und gefahren, so daß alles sprachlos blieb. Der Engländer, dessen Name mir leider entfallen ist, schien äußerst befriedigt, setzte aber nach jedem Reit- und Fahrstück mit eiserner Ruhe hinzu: »Großartig – aber ich glaube, dies und jenes schon einmal gesehen zu haben.« Das war denn doch meinem Vater zu stark, er ließ seinen besten und feurigsten Fünferzug anspannen und lud seinen Gast ein, mit ihm eine Spazierfahrt zu unternehmen. Es ging in toller Fahrt gegen Visegrad zu, hinauf auf eine hohe Lehne, welche die unten fließende Donau dominiert und von welcher man auf einem sehr steilen Weg in Schlangenwindungen hinabgelangt. Da feuert mein Vater seine Pferde an, und als der Zug in vollster Karriere dahinrast, wirft er die Zügel in die Pferde hinein und fragt den Gast, welcher leichenblaß und zitternd dasitzt: »Haben Sie das auch schon gesehen?«
Selbstverständlich warf das Gefährt um. Der Engländer hatte ein paar Rippen gebrochen, die beiden Stallleute waren rechtzeitig herabgesprungen, und mein Vater hatte »gar nichts«, wie er erzählte, »als wieder einmal einen Schlüsselbeinbruch«.
Mein Vater lernte in Wien meine Mutter kennen. Der unbändige wilde Mann fand Gefallen an dieser weiblichsten der weiblichen Frauen. Ihre edle, ruhige, vornehme Haltung, ihr Geist und auch ihr hübsches Äußeres fesselten ihn, und er hielt um ihre Hand an. Mein

Großvater war anfänglich betroffen und sprach die Befürchtung aus, daß die beiden so entgegengesetzten Charaktere nicht zueinander passen würden. Doch auch meine Mutter erwiderte die Neigung, und die Heirat wurde beschlossen. Es war allen Leuten ein Rätsel, daß die stille, zurückhaltende Persönlichkeit meiner Mutter meinem Vater Sympathie und Liebe einflößen konnte. Ich kann es mir leicht erklären – weil im Leben denn doch meistens jene Menschen, die voneinander grundverschieden sind, sich gegenseitig angezogen fühlen. Mein Vater, der unendlich klug war, mag wohl gedacht haben, daß nur eine ruhige, besonnene Frau zu ihm passen würde, anderseits, da er durch und durch vornehme Gesinnungen hatte, sehr gute Manieren liebte und, wie ich es selten bei anderen gesehen habe, auf ein distinguiertes Äußeres hielt, war seine Wahl eine in jeder Beziehung vortreffliche und logische. Bis zu ihrem Lebensende hat er für meine Mutter ein tiefe und unbegrenzte Verehrung behalten, die sie aber auch, wie nicht bald jemand, verdient hat. Meine Eltern hatten nur zwei Kinder. Meinen Bruder Leo, der im frühen Kindesalter starb, und mich. Sie haben sich über den Tod des allerliebsten Kleinen niemals getröstet. Wir mußten, Leo und ich, allerhand Forcetouren ausführen, um unseren Mut und unsere Geschicklichkeit zu beweisen. Wir taten alles, was uns anbefohlen wurde, aber der Mut war nur äußerlich, denn wir fürchteten uns namenlos, so zum Beispiel, als mein Vater uns hieß voranzulaufen und seinen treuen Jagdhund Hektor, den wir übrigens außerordentlich liebten, uns nachhetzte, indem er ihm mit brüllender Stimme »Apport!« zurief. Mich überläuft es noch ganz kalt, wenn ich daran zurückdenke, wie wir hinter uns den Hund hörten und uns jeden Augenblick von ihm gepackt und zu Boden geworfen sahen. Natürlich tat er uns kein Leid an, sondern schleckte uns ganz gemütlich ab – allein demungeachtet imponierte uns dieses Spiel über alle Maßen.

Ein andermal standen wir vor dem Jagdschlosse Gyarmath auf einer Wiese, um meinem Vater zuzusehen, wie er mit einem seiner besten und berühmtesten Springer Hindernisse nahm. Da tat ich den unglücklichen Auspruch, daß ich um keinen Preis ein Gleiches tun würde. Mein Vater hört's, und der Befehl erschallt: »Setzt die Kleine herauf zu mir!« Meine Mutter steht starr vor Erstaunen und Schrecken da. Der Stallmeister nimmt mich, setzt mich zu meinem Vater auf das Pferd, und viermal springen wir über die große fixe Barriere. Großartig – aber scheußlich! Ich werde nicht von den hundert Reiter- und Fahrstücken, die mein Vater ausgeführt hat, erzählen. Sie sind zum größten Teil illustriert worden und unter dem Titel »Sándor-Album« erschienen, daher genügend bekannt. Alles, was darin vorkommt, entspricht genau der Wahrheit. Meines Vaters beste Freunde, Graf Eduard Clam-Gallas und Moritz Graf Pálffy, welche vieles gesehen und mitgemacht hatten, sagten mir öfters, als das Album eben erschienen war: »Man sollte es nicht glauben, aber es liegt kein Jota Übertreibung darin, man könnte sagen, daß man beinahe unter der Wahrheit geblieben ist.« Ich glaube übrigens auch, daß ihm niemand in seinen unerhörten Wagnissen jemals gleichgekommen ist.

Aber nicht nur den Pferden gegenüber war mein Vater mutig, nein, er war es den Menschen gegenüber in demselben Maße. Als die Revolution im Jahre 1848 in

Wien ausbrach, da zeigte sich erst recht sein wahrer Mut. Obwohl ihm seine unglaubliche Popularität damals von großem Nutzen war, so tat er doch manches, wodurch er bewies, daß er sich vor nichts auf der Welt fürchtete. Ich erinnere mich, daß er mich eines Tages mitnahm und an der Hand durch die von einem johlenden Pöbel durchströmten Straßen führte, um mich, wie er sagte, zu lehren, daß man sich niemals fürchten dürfe. Auf dem Michaelerplatz angelangt, wo, ich weiß nicht aus welchem Grunde, eine ungeheuere Volksmenge versammelt war, ertönte plötzlich neben uns der Ruf: »Es lebe die Republik!« Kaum war das Wort gesprochen, so erhielt derjenige, der es in die Welt geschleudert hatte, eine Ohrfeige, daß er blutüberströmt und besinnungslos an der Kirchentür zusammenbrach. Die Ohrfeige kam von Sándors Hand – und kaum war es geschehen, so erscholl auch schon ein »Hoch Sándor! Bravo Sándor!«, daß alles erzitterte. Erst später, als ich erwachsen war, habe ich mir volle Rechenschaft von der Unerschrockenheit meines Vaters gegeben. Diese unglaublich kühne Tat hat die Überzeugung in mir befestigt, daß man mit Mut und Todesverachtung leichter Herr der Massen wird als mit schönen Worten. Die Völker – wie die Frauen – lieben eigentlich nur diejenigen, die ihnen imponieren.

Mein Vater war »kaisertreu« im vollsten Sinne des Wortes. Für seinen Kaiser hätte er alles geopfert, für ihn sich in Stücke reißen lassen. Als auch in Ungarn die Revolution ausbrach, dachte die revolutionäre Regierung daran, seine Güter zu konfiszieren. Als er dies erfuhr, antwortete er ganz ruhig: »Sie sollen sie nur nehmen, mein Kaiser wird mir und den Meinen schon ein Stück Brot geben, auf daß wir nicht Hungers sterben.«

Seine Popularität in Wien war, ich wiederhole es, sprichwörtlich geworden, und »der Sándor « war sozusagen ein Stück Alt-Wien. Im Prater gewesen zu sein und den Sándor nicht gesehen haben, war dasselbe, als ob man auf dem Stephansplatz gewesen wäre und den Stephansturm nicht bemerkt hätte. Ihm war alles erlaubt, und wenn er durch die engen Straßen jagte und die Vorübergehenden, welche nicht schnell genug auswichen, per »Esel« und »Dummkopf« anrief, so blieb doch alles entzückt, lachte und freute sich. Er konnte eben, trotz seiner raschen Art, so bestrickend freundlich mit den kleinsten Leuten sein, er wußte sich, wie man in Wien sagt, mit dem Volke »so gemein« zu machen, daß ihm niemand böse sein konnte. Er sprach jeden an, lud diesen und jenen, der ihn bewundernd angaffte, ein, einzusteigen und mitzufahren. So geschah es denn auch einmal, daß er im Prater, wo stets Hunderte von Menschen seine bereitstehenden Wagen und Reitpferde umstanden, einen dicken Mann mit offenem Munde erblickte, der seine Aufmerksamkeit dadurch auf sich zog, daß er so »dahergeregnet« aussah. Mein Vater frug ihn: »Was gaffen S' denn da an?« Das Publikum lachte. Der Gefragte erwiderte: »I schau halt dö vielen Pferd an und woaß net, wem s' g'hören.« – »Na, wem denn als mir – kennen S' mich nicht, ich bin ja der Sándor!« Der dicke Mann antwortete: »Den kenn i net – i kum aus Krems.« – »Also«, rief mein Vater, »damit S' ihn kennenlernen, setzen Sie sich auf und fahren S' mit.« Das Publikum brüllte vor Lachen. Der Dicke erkletterte mühsam den hohen Phaeton, und kaum oben, ging es in sausender Karriere davon. Der Ärmste hielt sich fest, schrie, bat anzuhalten und versicherte endlich: »Der Herr kann

diese rasenden Tiere nicht aufhalten.« – »Was, nicht halten?« schrie mein Vater, »Sie alter Esel, schauen S' amal das an!«, und da fuhr er denn Achter mit dem Viererzuge um die Bäume, setzte mit dem Wagen über die Gräben hinweg, kurz und gut, es war die reine Höllenfahrt. Nachdem der Unglückliche eine gute halbe Stunde so herumgejagt wurde, kehrte mein Vater zur Abfahrtsstelle wieder zurück, und zwar in demselben rasenden Tempo. Der Dicke schrie abermals: »Sö werden jetzt no alle dö Leut da übern Haufen fahren!« – »Halten S' das Maul!« wurde ihm zur Antwort gegeben. Die Menge rührte sich nicht, denn jeder wußte wohl, daß »der Sándor« auf dem Fleck parieren werde. Und so geschah es auch. Der dicke Herr wurde abgesetzt, und als ihn einige fragten, wie ihm die Fahrt gefallen habe, sagte er: »Ich hab mich gottvoll unterhalten, und der Sándor ist so freundlich und hat so lieb mit mir diskutiert.« Das Publikum war begeistert, er aber, der »alter Esel« genannt worden war und dem anbefohlen wurde, »das Maul zu halten«, hat diese etwas harten Äußerungen als Liebenswürdigkeiten »des Sándor« mit nach Krems gebracht.
Es scheint aber überhaupt, daß die zu lebhaften Äußerungen des Unwillens seitens meines Vaters nicht so kränkend geklungen haben, wie es wohl aus anderem Mund der Fall gewesen wäre. Denn ich erinnere mich, daß seine Diener und seine Beamten ihn nicht nur verehrten und über alles hochhielten, sondern auch beinahe stolz darauf waren, von ihm per »alter Esel« oder »Dummkopf« tituliert zu werden. So zum Beispiel ermangelte niemals ein alter Oberförster in Bajna, der nach meines Vaters Tode in meine Dienste überging, zu sagen, wenn wir im Walde jagten: »Hier hat mich

der selige Herr Graf einen Esel genannt«, und an einer anderen Stelle des Waldes: »Das werde ich nie vergessen – da hat er mir zugerufen, als ich auf ihn zukam, um ihm Bericht zu erstatten: ›Du bist ein Schafskopf!‹«, und das alles im Tone gerührter Erinnerungen und mit abgenommenem Hut.
Infolge der vielen Stürze, hauptsächlich eines schweren Sturzes, den er bei Linz erlitt, wo er aus dem Wagen geschleudert wurde und mit dem Hinterkopfe gegen ein eisernes Gitter auffiel, entwickelte sich ein Gehirnleiden, und zu Ende des Jahres 1850 hatte mein Vater den ersten Wahnsinnsanfall im adeligen Kasino in Wien. Er wollte alles in Stücke zerschlagen, und man mußte ihn binden, um ihn nach Hause zu transportieren. Er kam in ärztliche Behandlung und wurde in die Irrenanstalt des Dr. Riedel nach Prag transportiert, da diese zu der Zeit als die beste galt. Sechs volle Wochen tobte er, und es ist den Ärzten unerklärlich geblieben, daß er damals seinem Leiden nicht erlegen ist. Seine kräftige Natur half ihm durch. Allein, von dieser Zeit an bis an sein Lebensende hielt die geistige Umnachtung an, und wenn er auch nach anderthalb Jahren wieder zu den Seinen zurückkehren konnte, so war er doch nur mehr der Schatten von dem, was er gewesen. Er konnte allerdings unter Menschen verkehren, und wer nur einige Worte mit ihm wechselte, merkte nichts von seinem traurigen Zustande. Bei einem längeren Gespräche fielen die Wiederholungen alter Geschichten auf, weiter nichts. Der Kaiser und der gesamte kaiserliche Hof haben die treu dynastische Haltung meines Vaters nie vergessen. Insbesondere ließen die Frau Erzherzogin Sophie und Erzherzog Franz Karl keine Gelegenheit vorübergehen, ohne ihn, trotz seines Zu-

standes, zu sich zu rufen, so daß, wenn er im Sommer nach Ischl kam, er immer gleich zur Hoftafel geladen wurde. In rührender Gnade und Fürsorge richtete es die vortreffliche Erzherzogin Sophie dann immer so ein, daß kein Fremder an diesem Tage mit zur Hoftafel gezogen wurde, damit er, wie sie so liebevoll sich äußerte, »die Freude haben möge, seine alten Geschichten ungestört erzählen zu können«.

Es war ein trauriges Bild, den einst so lebensfrohen, übermütigen, geistig wahrhaft glänzend angelegten Mann in solcher Weise seinem Lebensende entgegengehen zu sehen! Die Erlösung kam nach achtundzwanzig Jahren, er verschied am 23. Februar 1878. Als sein Leichnam beim hereinbrechenden Frühjahr zur ewigen Bestattung von Wien nach Bajna überführt wurde, holten vier feurige Rappen den Leichnam von der Eisenbahnstation Gran ab. Als der Leichenwagen vor der Kirche anlangte, nahmen die Pferde aus einem unbekannten Grund Reißaus und stürmten davon. Der Geistesgegenwart des alten Kutschers, der so oft in seinen jungen Jahren seinen Herrn begleitet hatte, gelang es, die Pferde gegen das Tor einer Scheune zu lenken, wo sie zusammenbrachen. Nachdem die Einsegnung in Bajna stattgefunden hatte, wurde der Sarg provisorisch bis zur Fertigstellung der Gruftkapelle in Gyarmath beigesetzt. Als nun der Bau dort vollendet war, wurde die Leiche feierlich hingebracht. Das Unglaubliche geschah aber auch da. Ein anderes Gespann nahm abermals Reißaus, und nur mit größter Mühe gelang es, die Pferde zu bändigen.

Alle Pferde des »Sándor« wollten ihm eben die letzte Ehre in ihrer stürmischen Art erweisen.

Mein Neffe, Graf Albrecht Wickenburg, hat über diese

Vorfälle ein Gedicht verfaßt, welches ich hier folgen lasse:

Sándors letzte Fahrt

Wer hat nicht den ersten Reiter gekannt
Den kühnen verwegnen Magyaren?
Gleich ihm ist im weiten Ungarland
Kein Zweiter geritten, gefahren!
So fuhr er dahin wie der Sausewind
Und krachten die Räder und Achsen
So flog er dahin, wie der Pfeil geschwind,
Und schien mit den Pferden verwachsen.

Kein noch so bedrohliches Hindernis,
Der Sándor hat es genommen.
Kein Zaun, keine Hecke, kein klaffender Riß,
Der Sándor ist drübergekommen!
Einst sperrt ihm den Weg ein behäbig Gespann
Drauf saßen zwei wackelnde Tröpfe,
Da gab er die Sporen, da sprengt er heran
Und flog ihnen über die Köpfe.

So floh ihm die Jugend, ein Taumel der Lust,
Ein Rennen und Wetten und Wagen,
Vor Übermut schwoll noch dem Manne die Brust,
Und lächelnd wohl pflegt er zu sagen:
»Wenn einst unser Herrgott mich abberuft,
So nehm ich die letzte Barriere,
Dann fahr ich in Gottesnamen zur Gruft,
Nur sei es in voller Karriere!«

Und es schlugen ihn Alter und Krankheit in Bann.
Da war er zum Reiter verdorben,
Dann klopft an der Türe der Sensenmann.
Der erste der Reiter gestorben!
Der letzte seines Geschlechtes dahin
Gestürzt ein uraltes Wappen –
So lud man auf einen Wagen ihn
Bespannt mit feurigen Rappen.

Gemessnen Schritts bewegt sich der Zug,
Gefolgt vom trauernden Trosse
Und schlaff hängt die Mähne an Hals und Bug
Der langsam schreitenden Rosse.
Und traurig nicken von ihrem Haupt
Die wallenden Federn, die düstern,
Und durch die Bäume, die kahl und entlaubt,
Geht rings ein trauriges Flüstern.

Schon schimmert die Mauer des Kirchhofs dort vorn
Nur kurz bis dahin ist die Strecke,
Da ritzet sich eines der Pferde am Dorn
Der wegumsäumenden Hecke.
Da spitzt es die Ohren, da bäumt sich's und reißt
Die andern im Fluge von hinnen.
Sie jagen, als triebe sie wieder der Geist
Des Herrn im Sarge da drinnen.

Sie schießen dahin wie der Pfeil durch die Luft
Bis endlich – zu sehen ist's ein Greuel!
Sie prallen an die Mauer der Gruft
Und stürzen zusammen im Knäuel!
So hielt noch der Tote das Wort, das er gab,
So nahm er die letzte Barriere.

Ein anderer fahre im Schritte zu Grab –
Der Sándor, der kommt in Karriere!

Wien, 21. Dezember 1879

Ich füge zum Schlusse hinzu, daß die Tochter »des Sándor« wohl etwas von seinem Mute und seiner Energie den Menschen und Ereignissen gegenüber geerbt haben mag – daß sie aber schlecht geritten ist und sich immer zu Pferde gefürchtet hat.
Dieses traurige Geständnis wird ihr der unvergeßlich Dahingeschiedene, welcher es nicht leiden konnte, wenn Frauen ritten, auch im Hinblick auf ihre Wahrheitsliebe gewiß verzeihen.

## *Unser Antrittsposten*
### *Dresden*

Gleich nachdem Richard seine Ernennung am sächsischen Hofe als Gesandter erhalten hatte, hielt er um meine Hand an. Nachdem wir am 30. Juni (1856) in der Kapelle der Nuntiatur am Hof durch den Nuntius Monsignore Viale Prelà getraut worden waren, reisten wir auf die mährische Besitzung meiner Mutter ab, um dann Mitte Juli auf unserem Posten in Dresden einzutreffen. Dort zogen wir in das von Richard gemietete und schon so ziemlich eingerichtete Haus in der Gewandhausstraße ein. Tags darauf erschien als erster Besuch Gustav v. Gersdorff, der königliche Zeremonienmeister, der als einzig unnachahmlicher Typus des Hofmannes par excellence einer längeren Beschreibung würdig ist. Gersdorff war ein Spezialist in seinem Fache, ein Meister in der Kenntnis höfischer Sitten, Gebräuche und Traditionen, eine unbestrittene Autorität im weltmännischen Umgang sowie auch in der Beurteilung und Angabe der Toiletten der Damen. Gersdorffs Protektion stempelte sogleich eine Frau zur »Modedame«, indem man wußte, daß er niemals mit einer solchen, die sich nicht gut zu kleiden verstand, Umgang gepflogen hätte. Schlecht angezogene Frauen verachtete er förmlich und konnte in einem Tone »elle se met très mal« (Sie zieht sich schlecht an) sagen, daß

es einem förmlich kalt über den Rücken lief. Die Betreffende war wie von der heiligen Feme abgeurteilt und unwiderruflich verloren; jedenfalls für Gersdorff existierte sie nicht mehr. Sein erster Besuch bei mir war also eine Inspektion. Sie schien ihn zu befriedigen, da er, wie man mir einige Tage darauf erzählte, den ihn über die neue Gesandtin Befragenden zur Antwort gab: »Sie macht gute Toilette!« Ich war in Gnaden aufgenommen und bin bis zu seinem Lebensende in Gnaden geblieben. Er war mir ein unendlich treuer und anhänglicher Freund.
Bald nach unserer Ankunft hatte ich die Ehre, Ihrer Majestät der Königin von Sachsen in Pillnitz vorgestellt zu werden, und zwar an einem Nachmittage, es mochte ungefähr gegen halb sieben Uhr gewesen sein. Die Königin empfing mich in ihrem kleinen Appartement. Sie war eine gramgebeugte, kränkliche kleine Frau, welche nicht gerade liebenswürdig, aber gütig war. Sie hatte schon mehrere erwachsene Kinder verloren, und der Schmerz um die Dahingegangenen las sich auf ihrem Gesichte; doch erfüllte sie trotzdem die Pflichten ihres hohen Standes, und ich glaube, daß es keinen Hof in Europa gegeben hat und noch gibt, wo so viele Feste und Empfänge jeder Art wie an dem sächsischen stattfinden. Nach der Audienz führte man mich in den Ballsaal, wo ich eine zahlreiche Gesellschaft versammelt fand. Die Gemahlin des preußischen Gesandten, Gräfin Redern, geb. Odescalchi, stellte mich den Damen vor, und bald darauf erschien der Hof. Die Obersthofmeisterin der Königin, Frau v. Friesen, nannte mich Seiner Majestät, dem guten, vortrefflichen König Johann, welcher vom ersten Augenblick an, als ich ihn sah, mein Herz gewann. Er hatte

kein bestechendes Äußeres, und man hätte ihn eher für einen alten Professor gehalten als für einen Monarchen; doch bei näherem Umgange vergaß man die so wenig elegante Figur und sah nur das geistreiche, liebe Auge, welches so freundlich und gutmütig dreinsah, daß einem ganz warm ums Herz wurde, man dem König wirklich kindliche Gefühle entgegentrug und die Erinnerung an ihn eine nicht zu verlöschende bleibt.

Nachdem der König nach meinem Großvater gefragt und mich beauftragt hatte, ihn in seinem Namen vielmals zu grüßen sowie ihm zu sagen, daß er sich freue, uns an seinem Hofe zu sehen, gab er den Befehl, den Tanz beginnen zu lassen, und der erste Tänzer, der auf mich zukam, war der schöne Karl v. Lüttichau, der sich mir durch Gersdorff, dessen Freund er war, vorstellen ließ. Er tanzte vorzüglich, und wir flogen im Saale dahin, daß es ein wahres Vergnügen war. Dann stellte er mir wieder eine Menge Tänzer vor, und ich unterhielt mich ganz vortrefflich, zum Schlusse wieder mit Lüttichau. Dieser so schnell entstandenen Freundschaft sind wir beide dreißig Jahre treu geblieben, bis der Tod sie löste. Heute noch denke ich mit Rührung an den zu früh Heimgegangenen. Er sowie Gersdorff, Oswald Nostitz, Léonce Könneritz, Otto Könneritz, Heinrich Nostitz, Vero Blecsinski, Graf Vitzthum, Eberhard Solms, Bonar (ein Engländer, Bruder der Baronin Wüllerstorf), Hohenthals, Helldorf, Seebachs, Alexander Miltitz wurden die Habitués in unserem Hause, und allabendlich kamen sie zu uns, sowie auch Herr v. Tschirschky, einer der geistreichsten und angenehmsten Causeurs, die mir begegnet sind.

In unserem kleinen Freundeskreise herrschte die ungebundenste Heiterkeit und froheste Laune. Es war eine herrliche Zeit, und obwohl es nun vierundvierzig Jahre her sind, daß wir täglich zusammenkamen, denke ich noch oft, sehr oft daran zurück und glaube, daß es die schönste Zeit meines Lebens war. Ich war jung und glücklich, kein Leid war mir noch begegnet, und alles erschien mir im rosigen Lichte. Wir erfanden unausgesetzt allerhand Vergnügungen, Theateraufführungen, Tableaus, Charaden, wir kostümierten uns, machten zur Frühjahrs- und Sommerszeit in der reizenden Umgebung Dresdens prächtige Ausflüge. Zuweilen wurden wir des Abends zu »Königs« gebeten, wie man in Dresden sagte, oder vielmehr befohlen, und andere Male zu der verwitweten Königin Marie, der Zwillingsschwester unserer Erzherzogin Sophie, welche ihr zum Verwechseln ähnlich sah.

Die Abende bei den Majestäten waren nicht berauschend, und ich war wohl auch zu jung und zu lebhaft, um Vergnügen daran zu finden. Ich bedauere es, dem König Johann nicht in ernsteren Gesprächen nähergetreten zu sein. Als man einmal vom Lernen und Unterrichterteilen sprach, erinnere ich mich, daß Seine Majestät sich äußerte, daß ihm letzteres eine große Freude bereitet habe, nachdem er seine Kinder sämtlich unterrichtet habe. – Er setzte hinzu: »Nicht im Lesen und Schreiben, darin mußten sie schon fest sein, aber dann übernahm ich sie sehr gerne.« »Gewiß waren Eure Majestät furchtbar strenge?« frug ich. »Sehe ich denn so böse aus?« erwiderte der gute König. »Nun, wenn Sie finden, daß man furchtbar streng ist, wenn man Aufmerksamkeit fordert, dann war ich es; wenn man aber eine Sache nicht aufgefaßt oder nicht gut verstanden hatte und man mich bat, es besser zu erklären, dann belobte ich die Kinder und wiederholte das Erklärte, bis ich sah, daß es sitzt. Sie waren alle gute Schüler, und Albert ganz besonders fleißig. Er hatte eine bemerkenswerte Leichtigkeit in der Auffassung.« »Auch Ernst war ein glänzender Schüler«, setzte die arme Königin hinzu. »Auch Ernst – ja, ja...« sagte der König, und beide sahen sich an, und es folgte ein längeres Schweigen. Prinz Ernst, ein hoffnungsvoller Sohn, war vor einigen Jahren einer tückischen Krankheit zum Opfer gefallen. Eine plötzliche Blutvergiftung hatte ihn, so wie mehrere Kinder des sächsischen Königspaares, dahingerafft. – Es soll eine Art Typhus gewesen sein. Erzherzogin Margarete, die erste Gemahlin des Erzherzogs Karl Ludwig, die Prinzessin Sidonie, die Prinzessin Marie, die Herzogin Sophie in Bayern, sie sind späterhin sämtlich der besagten Krankheit erlegen. Trotz allem unendlichen Weh und Leid, welches sie betroffen hatte, gaben die königlichen Majestäten aus Pflichtgefühl die alljährlichen großen Hoffestlichkeiten nicht auf, und so fanden im Laufe des Karnevals, je nach seiner Länge, mehrere große und etliche kleine Hofbälle statt. Der große Hofball wurde durch eine Polonaise eröffnet, und da hatte ich öfters die Ehre, mit Seiner Majestät dem König zu tanzen. Jetzt geht man sie nur mehr, damals machte man nach je drei Schritten einen kleinen Knicks: 1–2–3 Knicks, 1–2–3 Knicks, etwa in der Art eines Pas de basque. Der König machte es gewissenhaft. Ebenso Gersdorff. Das versteht sich von selbst. Von jenen, die diesen Pas nicht machten, sagte er: »Ce sont des gens qui n'ont pas vecu à des cours; ils ne savent pas même danser convenablement une Polonaise!« (Das sind Leute, die nie an Höfen gelebt haben; sie verstehen es nicht einmal, anständig Polonaise zu tanzen!) – Zu nett in ihrer altmodischen Art war die Prinzessin Auguste, Tante des Königs, welche auf keinem Feste fehlte und, sehr standesgemäß gekleidet, prachtvollen Schmuck zur Schau trug. Sie hatte eine blonde Perücke mit je drei Löckchen an jeder Seite, eine Spitzenbarbe mit Federn darauf gesteckt, und ein wunderbares Diadem! Sie tanzte die Polonaise ganz korrekt. Es hieß, daß Kaiser Napoleon um ihre Hand geworben hatte und sie ihn abgewiesen habe. Prinzessin Auguste blieb unvermählt, hielt aber hof, gab Diners und sagte: »Weil ich nicht geheiratet habe, bin ich doch nicht weniger als eine königliche Prinzessin von Sachsen, und als solche habe ich eine Stellung zu wahren.« Mir gefiel die alte Dame sehr. Ich habe immer auf Formen gehalten, und Prinzessin Auguste scheint dasselbe getan zu haben. – Eine ihrer Eigenheiten bestand darin, daß sie sich ganz entsetzlich vor ansteckenden Krankheiten fürchtete, so sehr, daß sie einmal eine im Wochenbette schwer erkrankte Freundin nicht besuchen wollte, weil sie Angst hatte, das Milchfieber zu bekommen! ... Die alte Prinzessin Amalie, eine Schwester des regierenden Königs Johann, hingegen ging nicht mehr in die Welt und empfing nur bei sich. Man wurde um zwei Uhr zum Diner geladen, und alles jammerte und wehklagte über die schreckliche Stunde. Sie war außerordentlich geistreich und liebenswürdig und war als Schriftstellerin rühmlichst bekannt. Sie hat viele Theaterstücke geschrieben, welche im königlichen Hoftheater und auch an anderen Bühnen, auch am Burgtheater, aufgeführt worden sind und Erfolg hatten. Diese höchst moralischen Stücke waren, wenn ich mich so ausdrucken kann, in Bauernfeldscher Art; heiter, gemütlich, aber

sonderbarerweise sehr bürgerlich, das heißt, sie spielten in kleinbürgerlichen Kreisen, so daß man eigentlich erstaunt darüber war, daß eine königliche Prinzessin mit diesen Anschauungen, Sitten und Gebräuchen so vertraut war.
Als Erzherzog Karl Ludwig sich mit der Prinzessin Margarete verlobte und die Hochzeit im November 1856 in Dresden stattfinden sollte, nahmen wir uns vor, einen großen Ball zu geben, und da unser Appartement nicht geräumig genug war, entschlossen wir uns, einen Tanzsaal anzubauen.
Im Oktober fingen dann die Vorbereitungen an, und dies war das erste große Fest, welches ich in Szene zu setzen hatte. Wenn die Menschen also darüber staunen, mit welcher Leichtigkeit ich darangehe, Festlichkeiten zu arrangieren, so kann ich nur darauf verweisen, daß man nach einer vierundvierzigjährigen Erfahrung doch nicht so leicht mehr vor einer derartigen Verantwortung zurückschreckt. – Der Saal, welcher nach meiner Angabe weiß mit Silberornamenten und lichtblauem Atlas dekoriert war, wurde allgemein bewundert, und ich kann es ohne Selbstüberhebung gestehen, daß der Anblick wirklich reizend war. Eine reiche Blumendekoration hatte das Ihre dazu beigetragen, um sowohl diesem Saal als auch den daranstoßenden Salons sowie dem Treppenhause ein gefälliges, ja mehr noch, ein beinahe feenhaftes Aussehen zu verleihen. Alle Welt war entzückt, um so mehr, als zu damaliger Zeit die Verwendung von Blumen und Pflanzen zur Dekorierung der Wohn- und Empfangsräume noch nicht so allgemein und häufig war, wie es jetzt der Fall ist.
Wir hatten über 1 200 Einladungen ergehen lassen. Die

königlichen Majestäten, alle Prinzen und Prinzessinnen des königlichen Hofes sowie auch die der sämtlichen sächsischen Höfe waren erschienen. Niemand war aber glücklicher über den Erfolg dieses Festes als mein getreuer Freund und Bewunderer Gersdorff. Die Gratulationscour bei Hof sowie ein Théâtre paré beschlossen die Reihe der Festlichkeiten, und die Neuvermählten reisten ab. – Erzherzogin Margarete war, obwohl sie regelmäßige Züge hatte, nicht hübsch zu nennen, denn sie sah zu frisch und gesund aus und es fehlte ihr an Grazie. Das frische und zu gesunde Aussehen hat uns aber alle getäuscht, denn nach sehr kurzer Ehe starb sie, und zwar, wie ich bereits früher gesagt habe, an derselben tückischen Krankheit – einer Blutvergiftung –, welche so vielen der Kinder des sächsischen Königspaares das Leben gekostet hatte und noch kosten sollte.

Der sächsische Hof war der einzige, an welchem eine Neujahrscour in solcher Form, wie sie daselbst abgehalten wird, stattfindet. So wie zu Zeiten Ludwigs XIV., Ludwigs XV. und Ludwigs XVI. in Frankreich das damals gepflogene »Jeu du Roi« sind nach dem diplomatischen Cercle im Thronsaale Spieltische aufgestellt, deren jeder, vom König und der Königin angefangen, von einem Mitglied der königlichen Familie präsidiert wird. Die Diplomaten, Minister und Würdenträger erhalten die Einladung, an irgendeinem dieser Tische sich zum Whistspiel einzustellen, und so wurde mir die Ehre zuteil, am 1. Januar 1857 Partner Seiner Majestät des Königs Johann zu sein. Allerhöchstderselbe frugen mich, ob ich Whist oft spiele, worauf ich zu meiner großen Beschämung gestehen mußte, daß ich keine Ahnung von diesem Spiel hätte.

Der König entgegnete lachend: »Das schadet nichts, Gersdorff wird sich hinter Ihren Stuhl stellen und Ihnen die Karten, welche Sie auszuspielen haben, angeben.« Die Partie begann, und Gersdorff gab meinen Mentor ab. Einen Augenblick aber vergaß er, mir die Karte zu zeigen, welche ich auf die Invite meines hohen Partners zu spielen hatte, so daß ich auf einen Herz-Zweier als Dritter einen Herz-Dreier legte. Der gute König rief aus: »Solche Bescheidenheit darf man beim Kartenspiele nicht haben« – und Gersdorff, der wieder bei der Sache war, lispelte mir in das Ohr: »Das war aber miserabel!« Ich war natürlich sehr bestürzt, wurde aber vom König mit den Worten getröstet: »Nächstes Jahr werden Sie, besonders wenn Sie bei Gersdorff Unterricht nehmen, brillant spielen!« – Das Ende dieses merkwürdigen Abends bestand aber für mich in dem Verluste eines Talers ...
Während des Spieles defilierten alle bei der Cour Anwesenden vor den Majestäten, welche immer zwischen den Kartenwürfen aufsahen und den sich tief verneigenden Persönlichkeiten freundlich zunickten. – Der Anblick dieses mit Spieltischen angefüllten Saales, an welchem die Damen in Courschleppen und Diadem, die Herren in Galauniformen mit ihren Großkreuzen entweder mit den allerhöchsten und höchsten Herrschaften Karten spielten oder vorbeidefilierten, hat etwas sehr Vornehmes. Der Thronsaal ist an und für sich schon so altehrwürdig; dazu die prachtvollen alten roten Samttapeten an den Wänden mit den Einrahmungen der Tableaus in Goldborten, die Wandleuchter aus getriebenem Silber, große Muscheln darstellend, aus welchen je fünf Kerzen hervortreten (zur damaligen Zeit brannten bei Hof überall nur Wachskerzen); dies

alles verleiht dem Raum etwas eigentümlich Imponierendes. Wunderschön sind auch die alten silbernen Leuchter, welche auf den Spieltischen stehen und von denen die königliche Silberkammer Hunderte besitzt. Ich erinnere mich immer noch mit Entzücken an diese von alters her aufrechterhaltene Tradition aus früheren, leider längst entschwundenen Zeiten.

Auch die Hof- und Kammerbälle fanden an dem sächsischen Hofe nach altherkömmlicher Sitte statt. Vor Beginn des Hofballes ist diplomatischer Cercle und Vorstellung der Fremden durch die Gesandten, darnach begibt sich der Hof in den großen Ballsaal, welcher jetzt neu hergerichtet, sehr hell und glanzvoll ist, während er sich damals mit seinen langweiligen modernen Fresken und dem dunklen Holzgetäfel an Wänden und Decke recht häßlich und unsympathisch ausnahm. – Gleich nach dem Eintritte der Majestäten wurde die berühmte Polonaise gespielt, und gleich darauf kam der erste Walzer, den ich meistens mit dem Kronprinzen, dem nachmaligen König Albert, eröffnete, welcher vortrefflich und leidenschaftlich gerne tanzte. Die sehr hübsche Kronprinzessin Karola gab sich auch dem Tanzvergnügen hin, und selbst der feierliche und immer steif und grämlich gewesene Prinz Georg tat desgleichen. Um Mitternacht gingen die Herrschaften in den Soupersaal, denselben, in welchem das Kartenspiel und die Defiliercour am Neujahrstage stattfand. Man kann sich nichts Schöneres, Großartigeres und wirklich Königlicheres vorstellen als das Arrangement des Souperbuffets am Dresdner Hofe. Der altertümliche Saal, die hufeisenförmige Riesentafel mit den unvergleichlichen Aufsätzen, Kandelabern, Girandolen, den Eßbestecken mit dem Na-

menszuge A. R. (Augustus Rex), ja selbst das Tischzeug mit denselben Riesenlettern, die beiden Kredenzen mit den Bechern und Pokalen und den großen goldenen Löwen, welche das sächsische Wappen halten. Diese Kredenzen waren schon zu Zeit König Augusts des Starken in dieser Weise aufgestellt, und die herrlichen Gegenstände, welche sie vom Boden bis zur Decke anfüllen, standen auch damals genau so darauf, denn der König hatte drei Zeichnungen anfertigen lassen, nach welchen das Arrangement getroffen werden mußte, und diese Bestimmungen gelten fort. Man glaubt sich in eine andere Zeit versetzt, in eine Zeit, in welcher ich gerne gelebt hätte.
Während der Ballfeste wurden in anderen Sälen Eis, Erfrischungen und Getränke an einem Riesenbuffet serviert, dem sogenannten »süßen Buffet«. Auf diesem war jedesmal von den Hofkonditoren entweder ein Schloß mit Gartenanlagen oder eine Villa mit Blumenparterren, auch Bauernhöfe, aufgebaut, und es war eines der Amüsements, dahin zu wandern, um zu sehen, was sie erfunden hatten. Es war recht hübsch gemacht und, obwohl nach unseren neuen Ideen keine elegante Art, ein Buffet zu decken, gefiel mir daran das Althergebrachte. Solange die urältesten Dresdner Hofschranzen zurückdenken konnten, war es immer so gewesen, und Gersdorff pflegte mit einem Aufblick zum Himmel zu sagen: »Möge es auch immer so bleiben.«
Die Kammerbälle unterschieden sich von den Hofbällen dadurch, daß sie erstens in den Privatappartements der Königin stattfanden und die Einladungen zu denselben sehr beschränkt waren, und zweitens, daß ein sitzendes Souper stattfand, welches damals zu König Johanns Zeiten ebenso schlecht, als es später gut war. –

Der Vortänzer war Rittmeister v. Mosel, die »Kotillonruine« genannt, da er Generationen hindurch den Kotillon geführt hatte. Nach dem Kotillon kam zum Schlusse des großen Hofballes der sogenannte »Großvater«, ein Tanz, auf den ich mich immer ganz besonders freute und den ich mit solchem Feuer und solcher Passion tanzte, daß die gestrengen Hofschranzen, wie es scheint, sich darüber aufhielten. Der König Johann, dem dies zu Ohren kam, sagte ihnen: »Laßt mir meine kleine Metternich in Ruh, sie ist jung und heiter und bringt Leben in den Hofball, wenn alles schon verschlafen ist.« Und so tanzte ich ahnungslos flott weiter, ohne zu wissen, daß ich Skandal mit meinem Tanze machte.

Als Kollegen im diplomatischen Korps von Preußen hatten wir Rederns, welche das reizende Palais Moczýnski bewohnten, welches leider nicht mehr existiert, nachdem man an der Stelle, wo es stand, jetzt die Moczýnski-Straße durchgeführt hat. Rederns gaben vorzügliche Diners und sahen überhaupt viele Menschen bei sich.

Redern war mit Richard auf dem besten Fuße, so daß wir oft zusammenkamen. Von Bayern waren Gises da. Sie, eine geborene Gräfin Tascher de La Pagerie, eine sehr gescheite, aber etwas barsche Frau, während er, nicht gescheit, dafür aber sehr sanftmütig, als mari de sa femme eine ziemlich untergeordnete Rolle spielte.

Von Frankreich waren Forth-Rouen da. Sie, eine geborene Portugiesin von einigermaßen zigeunerhaftem Aussehen, sehr lebendig und ganz gemütlich. Er etwas laut, nicht sehr distinguiert und als Individualität farblos. Der Unglückliche schlief nicht, oder beinahe nicht, das heißt höchstens eine Stunde, und hatte so müde

Augen, daß, sobald man ihn ansah, einen der Schlaf überfiel.
Von Rußland war anfangs der alte Baron Schrödter da, ein eingebildeter Kranker, welcher angenommene Dinereinladungen im letzten Augenblick absagte, wenn der Ostwind wehte; von England Mr. Forbes, ein eingefleischter Junggeselle und ausgesprochener Weiberfeind, welcher mit Leidenschaft altsächsisches Porzellan sammelte. Eines Tages, auf einem Hofballe, als ein Herr neben ihm sagte: »La comtesse Hohenthal est admirablement belle ce soir« (Die Gräfin Hohenthal ist heute abend wunderschön), antwortete er: »C'est possible, mais je trouve toutes les femmes dégoûtantes!« (Schon möglich, doch ich finde alle Frauen widerwärtig!), worauf der Betreffende ausrief: »Que vous êtes heureux!« (Sie Glücklicher!) – Schrödter nahm gar bald seinen Abschied und wurde durch Fürsten Volkonsky ersetzt, dessen Frau, eine geborene Baronin Lilien, die Diner- und Souperwut hatte. Ihr erstes war, in einem ihrer Salons eine Bühne aufstellen zu lassen, und beinahe alle drei bis vier Wochen fand daselbst eine Aufführung statt. Sie rief alle diejenigen aus der Gesellschaft zusammen, welche schauspielerisches Talent hatten oder solches zu besitzen glaubten, konstituierte eine freie Truppe und reihte Richard und mich sowie Gräfin Redern und Gises und unzählige andere ein. Wir mußten schwören, daß wir sie nicht im Stiche lassen würden, und da ging denn das Theaterspielen flott los. Die Mitglieder waren alle gefügig und folgten dem Rufe der Direktrice in blindem Gehorsam, und ich glaube, daß kaum ein zweites Beispiel einer solchen Truppe je anderswo existiert hat noch existieren wird. Das erste Stück, das man gab, war

»Embrassons nous, Folleville«, in welchem ich die Rolle des jungen Mädchens und Richard die des Bräutigams gaben. Wir hatten einen Riesenerfolg, oder vielmehr, wir ernteten einen Riesenapplaus (die Majestäten sowie der Kronprinz, die Prinzessinnen usw. waren unter den Anwesenden), weniger wegen unseres gewiß sehr mittelmäßigen Spieles, als weil wir uns öfters zu küssen hatten und dies con amore taten, so daß bei jeder Umarmung alles in die Hände klatschte und man den guten König gerührt ausrufen hörte: »Ein hübsches Paar! Bravo!« Der wahre Erfolg, außer den Küssen, welche keine großen Anforderungen an unsere schauspielerische Begabung stellten, lag aber in einem Menuett, das wir, ich glaube es sagen zu dürfen, nachdem so viele Jahre darüber verstrichen sind und man mich jetzt nicht der Eitelkeit beschuldigen wird, wirklich famos tanzten und das wir dreimal wiederholen mußten. Richard übertraf sich im vornehmen und eleganten Komplimentieren, und nach der Vorstellung kam Gersdorff auf mich zugestürzt und rief aus, indem er nach seiner Gewohnheit die mit Tränen (eigentlich nur mit Wasser) angefüllten Augen mit einem großen Schnupftuch trocknete: »Sie können beide noch grüßen, die anderen haben es verlernt!« Die Arme zum Himmel erhebend, eilte er weiter.

Graf Radolinsky, welcher in die gute Victoire Redern sterblich verliebt war, von ihr aber mißhandelt und nur als Kommissionär angesehen wurde, spielte mit ihr in einem Einakter, welcher, ich glaube mich zu erinnern, »Lâchez Hector« betitelt war. Er mußte ihr eine glühende Liebeserklärung machen, doch erschien dieselbe dem Publikum so lächerlich, daß alles ganz laut lachte und Victoire nach der Vorstellung sagte: »Je crois bien qu' il y avait de quoi rire. Personne au monde ne peut prendre le pauvre Radolinsky au serieux dans son rôle d'amoureux tant au thêâtre qu' á la ville!« (Ich glaube gern, daß das zum Lachen war. Kein Mensch kann den armen Radolinsky in der Rolle eines Liebhabers ernst nehmen, weder im Theater noch in der Stadt!) Selbst die gutmütigste Frau ist grausam demjenigen gegenüber, den sie nicht liebt. Man sagt übrigens, daß die Männer gerade so sind. Damit können wir uns also gegenseitig trösten.

Zur Sommerszeit, wenn die Abende schön waren (wir hatten erst Mitte August Urlaub), besuchten wir das Konzert Lade, welches im großen Saal des Eckpavillons auf der Brühlschen Terrasse stattfand. Unsere Habitués erwarteten uns vor der Konditorei, welche gerade auf der Mitte der Terrasse sich befindet. Wir fuhren zur großen Treppe auf dem Schloßplatze und begaben uns zum Ort unserer täglichen Zusammenkunft. Man trug zur damaligen Zeit gesteifte Unterröcke, welche beim Gehen ein starkes Geräusch verursachten, und wenn ich so daherkam, sagte Gersdorff mit tränenfeuchten Blicken zu den anderen Herren: »Ich höre die Metternich rauschen.« Dann eilte er auf mich zu, um meine Toilette zu inspizieren. Da ich in meinem Trousseau ungezählte Kleider und Hüte erhalten hatte, amüsierte es mich, so oft als möglich Neues anzuziehen, und beglückte dadurch Gersdorff über alle Maßen und, wie ich späterhin vernommen habe, ebenso die Bürgersfrauen und Mädchen, welche mit ihren Strickstrümpfen im Konzertsaale bei einer »kühlen Blonden« saßen und mich anstaunten. Mein Erscheinen in diesen viel zu eleganten Toiletten zog die Frauenwelt massenhaft an, so daß Lade mich (was ich da-

mals nicht ahnte) als seinen guten Geist ansah und deshalb bei meinem jemaligen Eintreten das begonnene Musikstück unterbrach und einen Marsch anstimmte, den ich bevorzugte. Das war eine Reklame und, wie man in Wien zu sagen pflegt, ein »Mordsjux« für die Besucher, welche alle auf diesen Augenblick förmlich paßten.
Gersdorff war selig und schwelgte im Anblick meiner Toiletten und in der Bewunderung, welche sie hervorriefen.
Meine Tochter Sophie kam in Dresden am 17. Mai zur Welt. Die Frau Erzherzogin Sophie, Mutter unseres Kaisers, weilte um diese Zeit bei ihrer Schwester, der Königin Marie, auf deren Besitz, der Weinberg genannt, zwischen Dresden und Pillnitz. Sie ließ uns sagen, ob wir sie im Falle der Geburt einer Tochter als Taufpatin annehmen wollten, welcher überaus gnädige Antrag uns natürlich sehr erfreute, und als nun Sophie zur Welt kam und der Taufakt stattfinden sollte, delegierte die Frau Erzherzogin ihren Sohn, den Erzherzog Ludwig Viktor, als ihren Vertreter bei demselben. Die Frau Erzherzogin sandte mir ein schönes Armband mit Skarabäen in Smaragden und der Aufschrift: »Salve.« – Ich war infolge der Entbindung sehr schwer krank gewesen und wurde dann nach Königswart geschickt, um mich zu erholen. Den darauffolgenden Winter, nachdem ich viele Haare verloren und den Rest hatte kurz schneiden lassen müssen, wurde mir bei einem anläßlich meines Geburtstages arrangierten Scherze, in welchem mein Lebenslauf durch Otto Könneritz, als Bankelsänger lebende Bilder erklärend, vorgeführt wurde, zum Schlusse ein falscher Zopf geheimnisvoll in einer wunderhübschen Kassette liegend, überreicht,

und zwar durch wen? – durch Gersdorff, welcher tief gekränkt über den Verlust meiner sehr schönen Haare und in Angst, daß ich auf dem Hofballe kein Diadem werde aufsetzen können, von den Freunden und von Richard förmlich gezwungen wurde, mir die Haarflechte zu überbringen. Dieser Abend war so heiter und so lustig wie nicht bald einer. Er fand bei Hohenthals statt. Haben wir damals getollt und gelacht!
Überhaupt war unser Leben damals nur Frohsinn und Heiterkeit. Eines trübte unsere gute Laune, und das war der Fall, wenn wir in Soireen gehen mußten oder großen Routs nicht ausweichen konnten. Man kam dann gewöhnlich bei uns zusammen, begab sich in corpore zu den unglückseligen Festgebern, trat ein, begrüßte den Herrn und die Frau vom Haus, machte einen Rundgang durch die Salons und eilte nach Hause. Gersdorff hatte geteilte Gefühle, einerseits fand er die Art unseres Erscheinens nicht korrekt, anderseits freute auch er sich, wieder in das gemütliche, heitere Heim zurückzukehren, und man mußte ihn hören, wenn er beim Weggehen aus solchen Soireen auf der Treppe halb weinend, halb lachend mit einer ihm eigentümlichen Handbewegung das Schnupftuch in der Luft schwenkte, es dann zu den Augen führte, um die ihnen entströmende Wasserflut zu trocknen, und ausrief: »Nein, so etwas wie wir – es ist dolle!« (Er sagte dolle, nicht toll.) Da geschah es mir an einem dieser entsetzlich öden Routs – es war beim Minister v. Alschau auf der Bürgerwiese, Ecke der Lüttichaustraße –, daß ich Solms sagte, der im Begriff stand, in einen Salon einzutreten, in welchem die allerlangweiligsten Menschen sich versammelt hatten: »Gehen Sie nicht da hinein, es stinkt nach Exzellenzen.« Dieses geflü-

gelte Wort wird mir bis zum heutigen Tage noch nachgetragen.
Mit Freiherrn v. Beust, welcher Minister des Äußern in Sachsen war und im Bunde neben dem Freiherrn v. Dalwigk (Hessen-Darmstadt) eine hervorragende politische Rolle spielte, standen wir in sehr freundschaftlichen Beziehungen, und ich war auch auf gutem Fuße mit seiner Frau, einer geborenen v. Jordan, welche in der Schönheitsgalerie Ludwigs I. von Bayern figurierte. Beust war sehr geistreich, sehr amüsant und seiner Frau sehr untreu, was diese nichts weniger als gut aufnahm. Es gab da manchen ehelichen Streit, und nachdem Mathilde Beust sich kein Blatt vor den Mund nahm, fanden oft Diskussionen coram publico statt, bei welchen sie meist das letzte Wort behielt, da Beust in solchen Fällen den Sturm schweigend über sich ergehen ließ. So fragte einmal bei einem großen offiziellen Diner, welches sie im Ministerium des Äußern dem diplomatischen Korps gaben, die an diesem Tage besonders übelgelaunte Frau ihren gegenübersitzenden Mann, und das sehr laut, so daß der ganze Tisch es hörte: »Pourquoi appelle-t-on le plat doux pudding à la Nesselrode?« (Warum nennt man diese Süßspeise Pudding à la Nesselrode?), worauf er antwortete: »Parcequ'il a été inventé par le célébre cuisinier du Comte Nesselrode.« (Weil sie vom berühmten Koch des Grafen Nesselrode erfunden wurde.) – »Ah!« erwiderte sie: »Dans ce cas notre cuisinier ferait bien d'inventer un plat qu'il appellerait cotelettes de cochon à la Beust!« (In diesem Fall sollte unser Koch ein Gericht erfinden, das er Schweinskoteletts à la Beust nennt!)
Ein peinliches Stillschweigen der zahlreich anwesenden Gäste erfolgte auf diese scharfe Äußerung hin, wie

man wohl denken kann. – Beust, welcher sehr zynisch war, lächelte und sagte: »Tiens! C'est une idée que je vais lui donner!« (Ich werde ihm die Idee nahelegen!) und kümmerte sich nicht weiter um die Sache, so daß alles erleichtert aufatmete und die Gespräche wieder aufgenommen wurden, als wäre nichts passiert. Er sagte mir einmal: »Mathilde ist unberechenbar, sie hat ja der Königin von England, welche die Frage an sie richtete: ›Vous plaisez vous à Londres?‹ (Gefällt es Ihnen in London?), kurzweg geantwortet: ›Pas du tout!‹ (Überhaupt nicht!)« – Mit solchen Frauen, meinte er, muß man sich Stoizismus aneignen.
Beusts waren sehr gastfrei und empfingen viel. Außer den Diners gaben sie Soireen und Bälle, unter anderem auch einen sehr schönen kostümierten Ball mit einem Einzug, welcher den Empfang einer französischen Botschaft am Hofe des Sultans zur Zeit Ludwigs XV. darstellte. Im Saale war der Thron des Sultans aufgebaut, wunderschön mit Goldstoffen drapiert. Edmund Zichy, welcher nach Dresden zu Besuch gekommen war, gab den Sultan und war von seinem Harem umgeben, sowie von Würdenträgern, Garden und Sklaven. Da ertönten Fanfaren, die Musik ließ einen Festmarsch erklingen, und die Gesandtschaft hielt ihren Einzug. Beust als Botschafter sah brillant aus, in Samt und Seide gekleidet, poudriert, mit dem blauen Bande des St. Esprit. Um ihn herum eine Anzahl Herren in den Trachten der Zeit – sämtlich rasiert. Dann kamen Mousquetaires und endlich eine wundervolle alte Portechaise, in welcher ich saß (die Botschafterin darstellend), von prächtig gekleideten Dienern getragen und von einer Schar Lakaien, Läufern und Kammerherren sowie vielen Damen umgeben. Vor dem

Throne angelangt, trat ich heraus, und der Botschafter hielt eine Anrede an den Sultan, welche sprudelnd von Witz und Geist war. Als er mich vorstellte, sagte er: »Si votre Majesté est entourée de belles ottomanes je me vante de lui amener une charmante causeuse*« (Eure Majestät sind zwar von schönen Ottomaninnen** umgeben, ich aber mache mich anheischig, Ihnen eine charmante Plauderin zu bringen), und so ging es weiter, Schlag auf Schlag. Die Majestäten und die gesamten Prinzen und Prinzessinnen waren anwesend. Beust hatte einen Riesenerfolg in jeder Beziehung und wurde allgemein beglückwünscht. Ich trug ein lichtblaues Atlaskostüm mit Silberstickereien und mit Rosengirlanden aufgerafft. Es war nach einem alten Bilde genau kopiert worden.

Ins Theater ging man eigentlich nur selten. Es war finster, traurig und nicht immer gut. Wir waren eher Freunde von Konzerten. Wenn hervorragende Künstler nach Dresden kamen, verfehlten wir nicht, sie anzuhören. So erinnere ich mich, die alte Schröder-Devrient gehört zu haben; sie hat mir einen unauslöschlichen Eindruck gemacht. Eine Künstlerin im wahren Sinne des Wortes vom Scheitel bis zur Sohle! Obwohl sie weit über die Fünfzig gewesen sein mochte und ihre Stimme an Klang bedeutend verloren hatte, riß sie ihre Zuhörerschaft durch die Macht ihres Vortrages hin, und wer das Schumannsche Lied »Ich grolle nicht« von ihr singen oder vielmehr sprechen gehört hat, der wird mir recht geben, wenn ich sage, daß es ihr niemand jemals nachmachen wird. Es war über-

* Causeuse = auch eine Art bequemer Fauteuil
**Ottomane = auch eine Art Sofa

wältigend; in den Worten »ich grolle nicht« lag der tiefste Haß und die grenzenloseste Verachtung, so daß es einem förmlich kalt über den Rücken lief und man, als die Musik verstummt war, kaum den Mut fand zu applaudieren. Die Schröder-Devrient stand racheerfüllt mit blitzenden Augen da, und tiefe Ergriffenheit überkam die Zuhörer und Zuseher bei ihrem Anblick. Die alte Frau sah in diesem Augenblick wunderbar aus, unvergeßlich fürs ganze Leben.

Einen anderen herrlichen musikalischen Genuß, der mir auch einen bleibenden Eindruck hinterlassen hat, hatten wir eines Abends beim russischen Staatsrat Grimm, welcher der Erzieher Kaiser Alexanders II. und seiner Brüder gewesen war und sich in Dresden niedergelassen hatte... Wir fanden bei ihm Jenny Lind, welche uns die Freude machte, sich hören zu lassen, obwohl sie, wie sie mir sagte, nie in Gesellschaft singe, ihrem alten Freunde aber und seiner Frau es nicht abschlagen wollte, »Jugenderinnerungen« zu feiern. Sie war auch nicht mehr jung und nichts weniger als schön. Ich fürchtete mich, als sie zum Klavier hintrat und ihren Mann, Herrn Otto Goldschmidt, bat, sie zu begleiten, denn ich dachte mir, nach ihrem Aussehen, daß wir eine große Enttäuschung erleben würden. Es fielen einige Akkorde – da hörte man, als wäre es in weiter Ferne, einen hohen, hohen Triller pianissimo, einen Triller auf dem hohen G und A, welcher immer näher und näher kam, bis er endlich, wie der Jubelgesang einer Nachtigall, den Raum erfüllte; man sah vor sich ein verklärtes Wesen stehen mit leuchtenden blauen Augen und einem Lächeln, das den früher so mürrisch gepreßten Mund umspielte, so daß man im Tiefinnersten mitjubelte und mitjauchzte. Es lag

Glück, Sonne, Frühling, Lebensfreude und Liebe in dem Ausbruche dieser einzig schönen Stimme! Als der Gesang verstummte und alles hingerissen stürmischen Beifall klatschte, erhob Jenny Lind ihre Hand und sagte: »Bitte, nicht das, ich habe immer die Beifallsbezeigungen als das Unangenehmste in der künstlerischen Karriere angesehen, und um ihnen zu entgehen, habe ich frühzeitig das Theater verlassen, also bitte, verschonen Sie mich damit, wenn ich noch singen soll!« ... Jenny Lind war eine Puritanerin und als solche eine Feindin jeglicher Eitelkeit. »Der liebe Gott hat mir die Stimme gegeben; kann ich etwas dafür?« sagte sie mir im Laufe des Abends. »Warum beklatscht man mich?... Beklatscht man eine schöne Frau, wenn sie eintritt?... Nein ... Nun also?« Ihr Gesicht wurde dabei wieder ganz ernst, ihr Mund schien niemals lächeln zu können, und Glück und Sonne, Frühling, Lebensfreude und Liebe waren gewichen, um einer wenig sympathischen Askese Platz zu machen, die die ganze Person förmlich einhüllte. Und nachdem man sie mit dem Applaus verschont hatte, wie sie es gewünscht, trat sie alsbald wieder zum Klavier und sang uns in himmlischer Weise den »Nußbaum« und »O Sonnenschein!« von Schumann. Endlich gab sie auf Wunsch der Hausfrau das Schubertsche Lied »Weiß nicht, warum ich singe« zum besten, und es dünkte mir, als hörte ich alle Nachtigallen der Welt singen und trillern ... Zuweilen klang es so fein und zart, dann antwortete ein lauter Schlag, und gleich darauf kam es wieder dolcissimo, und abwechselnd laut und weniger laut ... Der Frühling war in den Raum, in welchem wir uns befanden, eingezogen, die Wände wurden zu Büschen, und die Decke des Zimmers war ein Riesen

baum geworden. Aus Baum und Büschen sangen sich die Nachtigallen zu, und plötzlich erschallt ein mächtiger Triller, ihm antwortet das Echo und – es ist aus! ... Ich konnte nicht anders, als Jenny Lind zu sagen: »Nun, man hat Sie doch nicht mit Unrecht die schwedische Nachtigall genannt«, worauf sie schnell erwiderte: »Sehr mit Unrecht, denn die Nachtigallen singen doch bei weitem schöner!« »Warum waren Sie während Ihrer künstlerischen Laufbahn niemals in Paris?« frug sie Richard. »Weil ich nicht hübsch genug war und mich immer abscheulich schlecht angezogen habe. In Paris will man nicht nur hören, sondern auch sehen; dann hatte ich in Amerika und in England genug eingenommen, um meine Existenz zu sichern ... Ich wäre also nur aus Eitelkeit nach Paris gegangen. Das war nie meine Sache!«
Jenny Lind lebte in gücklichster Ehe mit ihrem Herrn Goldschmidt, welcher ihr punkto Häßlichkeit wahrlich nichts vorzuwerfen hatte, ihr aber auch musikalisch insofern ebenbürtig war, als er sehr gut Klavier spielte und auch durch und durch ein vortrefflicher Musiker war. Er begleitete sie vorzüglich.
Eines großen Künstlers, den ich in Dresden gehört und kennengelernt habe, möchte ich doch Erwähnung machen. Es ist dies Bogumil Dawison, welcher nachher sehr bald ans Burgtheater gekommen ist, wo er ungeheure Erfolge erntete.
Als ich weiter oben vom Theater etwas wegwerfend sprach, vergaß ich seiner, was ein großes Unrecht ist, denn er war einer unserer hervorragendsten deutschen Schauspieler. Dawison war Pole und hatte die deutsche Sprache in drei Jahren erlernt, und zwar so erlernt, daß er sie auf der Bühne sprechen konnte ... Er

hatte für geübte deutsche Ohren etwas Akzent behalten, doch störte dies kaum. Eigentlich war ich gegen das Dresdner Theater zur damaligen Zeit ungerecht, denn jetzt kommen mir mehrere Namen in die Feder, welche einen guten Klang hatten: Emil Devrient, die Bayer-Bürck und noch andere, zum Beispiel der berühmte Tenor Tichatschek, welcher die erste Silbe eines jeden Wortes beim Singen wiederholte, was ihn mir unerträglich machte. Er sang: Be-bewundere. Es war eine solche Unart, daß ich eigentlich nicht begreife, daß es dem Publikum, so wie es mir schrecklich war, nicht auch odios geworden ist; allein die wirklich sehr schöne Stimme scheint es versöhnt zu haben.
Im Mai des Jahres 1859 verließen wir das liebe Dresden und begaben uns nach Wien, wohin Richard berufen worden war, um als Adlatus bei der allerhöchsten Person Seiner Majestät des Kaisers im Namen des Ministers des Äußern in Verona beim Hauptquartier zu fungieren. Der italienische Krieg war erklärt worden. Nach beendetem Feldzug sollten wir nach Dresden zurückkehren. Die Umstände fügten es anders, und wir wurden nach Paris versetzt, doch habe ich Dresden und meine Dresdner Freunde nicht vergessen, und sooft es mir nur möglich war und jetzt noch möglich ist, mache ich Besuch daselbst und trachte, beinahe alljährlich etliche Tage im Januar dort zu verbringen. Lüttichau, welcher ein reizendes Häuschen in der Langenstraße, gegenüber dem Palais des Prinzen Georg, besaß, lud mich ein, bei ihm abzusteigen, was ich mit großer Freude annahm. Das waren dann immer angenehme, gemütliche Tage, die mir unvergeßlich bleiben ... Alle Bekannten kamen da zusammen, und wir waren so heiter, so seelenvergnügt, daß Gersdorff mit

seinen tränenden Augen nur mehr einer Fontäne glich ... Er weinte nämlich, so wie andere lachen; je mehr Tränen seinen Augen entquollen, desto freudiger gestimmt war er.
Über dieses Wohnen bei einem Garçon, da ich doch noch jung war, erstaunte sonderbarerweise niemand, da alle Welt wußte, daß Lüttichau und ich niemals auch nur eine Sekunde lang miteinander kokettiert hatten. Nur Prinz Georg war damit nicht ganz einverstanden und sagte mir: »Merkwürdig, daß Sie immer bei Lüttichau wohnen«, worauf ich erwiderte: »Allerdings, aber noch merkwürdiger, daß die korrektesten und strengsten Leute nie einen Zweifel an unseren nur freundschaftlichen Relationen geäußert haben.« – Er biß sich in die Lippen und sprach von anderen Dingen. Gersdorff, welcher den Prinzen Georg nicht mochte, freute sich über meine Antwort.
Wenn ich nun nach Dresden kam (ich benützte stets den Umzug des Hauses von Plaß nach Wien), fand ich immer zahlreiche Einladungen vor, und in erster Reihe eine solche für einen Hof- oder Kammerball. Der König Albert und die Königin Karola waren mir außerordentlich gnädig gesinnt, und gleich nach meinem Eintreffen meldete ich mich, wie natürlich, zur Audienz, die mir entweder im königlichen Schlosse oder, selbst um diese Jahreszeit, noch in Strehlen bei Dresden, wo die Majestäten in ihrer kleinen Villa mit Vorliebe weilten, erteilt wurde. Eine solche Audienz ist an dem sächsischen Hofe viel weniger feierlich als an unserem Hofe, denn man wird ganz einfach durch den diensttuenden Kammerdiener in den Salon der Königin eingelassen, und man sieht weit und breit keinen Kammerherrn und keine Hofdame. Die Königin gibt einem

freundlich die Hand und bietet einen x-beliebigen Stuhl an, und die Konversation bewegt sich ganz ungeniert. Man hat gar nicht das Gefühl, in Audienz bei einer Königin zu sein. So zum Beispiel sprach einmal Ihre Majestät davon, wie es ihr leid tue, Geld auszugeben, um sich Kleider machen zu lassen, worauf ich mir erlaubte zu erwidern, Allerhöchstdieselbe ahne ja wohl gar nicht, was ein Kleid koste. »Ah! Glauben Sie das nicht«, rief die Königin aus. »Ich weiß es sehr wohl, und weil die Schneiderinnen so teuer sind, kaufe ich mir die Stoffe und lasse alle Hauskleider von meinen Frauen machen. Sie arbeiten jetzt gerade an einem solchen. Soll ich es Ihnen zeigen?« »Gewiß, Majestät!« Sie stand auf und führte mich durch ein mit Nippsachen überfülltes Boudoir, dann durch ein kleines Toilettezimmer hinein, da, wo die Frauen arbeiteten. Diese erhoben sich, und die Königin nahm vom Arbeitstische eine graue Wolltaille, welche mit Kattun oder Zwilch gefüttert war, verlangte den Rock dazu und schien ganz stolz über dieses in ihrem Atelier gemachte Kleid ... Es war, offen gestanden, scheußlich, und manche Kammerjungfer würde gezögert haben, es anzuziehen. Ich wußte nicht recht, was ich sagen sollte, und stotterte so etwas wie: »Ah! Sehr merkwürdig!« hervor, was gar nicht zur Situation paßte. Diese kleine Szene spielte sich in Strehlen ab. Bei den Audienzen erschien auch der König sehr oft, indem er ganz unverhofft aus einem Nebenzimmer heraustrat: »Ich habe soeben erfahren, daß Sie bei meiner Frau wären, und wollte Sie doch nicht versäumen!« König Albert sagt immer »meine Frau«, wenn er von der Königin spricht, während Ihre Majestät entweder »der König« oder »Albert« sagt. Es bereitete den beiden Majestäten großes Vergnügen, ihren Besuchen die Honneurs ihrer Villa zu machen, und so führten sie Richard und mich, als wir das erstemal nach Strehlen kamen, durch das Erdgeschoß und über eine kleine, sehr schön in Holz geschnittene Stiege hinauf in den ersten Stock, um uns alles zu zeigen, und schienen sehr erfreut, wenn man dies oder jenes hübsch fand. Die Villa hat in meinen Augen einen – oder eigentlich zwei Riesenfehler. Der erste ist, daß sie schlecht gelegen ist, und der zweite, daß die sehr kleinen Innenräume viel zu überfüllt sind. Die Königin hat eine Unmasse Nippsachen, und ihre Aufstellung erweckt den Eindruck eines Ladens. Ich habe nie in meinem Leben eine solche Unmasse häßlicher kleiner Vasen und Porzellanfigürchen wie in der königlichen Villa in Strehlen gesehen. Ja, häßliches Porzellan am sächsischen Hof! Wer sollte es für möglich halten? Überhaupt ist es unbegreiflich, wie wenig Verständnis die allerhöchsten Herrschaften für Kunstgegenstände haben, nachdem sie doch inmitten der herrlichsten ihr Leben zubringen... »Denken Sie nur«, sagte mir der König einst auf einem Hofballe, als wir im runden, sogenannten Porzellanzimmer plaudernd saßen: »Man wollte mir die große Stockuhr und deren Pendant, den großen Barometer in Bronze für achthunderttausend Franken abkaufen. Das muß ein Narr gewesen sein... Die Menschen sind jetzt alle mehr oder weniger verrückt.« Ich erlaubte mir zu erwidern, daß achthunderttausend Franken allerdings ein hoher, aber kein zu hoher Preis für zwei Kunstgegenstände von solch unbeschreiblicher Schönheit sei... Obendrein glaubte ich gehört zu haben, daß dieselben von Caffieri nur auf Bestellung für König August den Starken gemacht und die Form zerschlagen worden sei, was den Wert bedeutend erhöht. »Wirklich!« sagte der König, »nun, mich begeistern sie nicht, ich halte nichts auf derlei Dinge, würde sie aber auch nicht verkaufen, weil ich überhaupt nichts verkaufe. Ich finde es unverschämt, solche Anträge zu stellen. So wollte ein Engländer, welcher während der Sommerzeit das Schloß besuchte, durchaus das Porzellanwindspiel, welches Sie dort sehen, acquirieren und trug dafür zweihundert Pfund Sterling an.« »Das besagte Windspiel würde mich nicht tentieren«, erwiderte ich, »und am allerwenigsten in einem Raume, wo das schönste Porzellan der Welt steht, angefangen von den berühmten Vasen, für welche König August der Starke ein Regiment hergab, bis zu dem Kronleuchter mit den liegenden Saxefiguren, welcher von Gouthière in Bronze montiert wurde. Gestehen Eure Majestät«, setzte ich hinzu, »daß König August klug gehandelt hat, als er das Regiment für die Vasen hergab. Wo ist heute das Regiment?... Dafür sehen wir die prächtigen Vasen unversehrt da vor uns stehen.« Der König war von meiner unmilitärischen Äußerung entsetzt und konnte sich darüber gar nicht fassen. – Auf den Hofbällen, nachdem der König mit den hohen Persönlichkeiten geprochen hatte, liebte er es, sich mit gewöhnlichen Sterblichen zu unterhalten und setzte sich gerne gemütlich zu den Damen hin. Man sprach in ungezwungenster Weise über alles, was einem durch den Kopf ging. Die Gespräche mit Seiner Majestät wurden gleich sehr anregend, und er gehörte zu den angenehmsten Causeurs. Dabei keine Spur von Pedanterie oder Schwerfälligkeit. Der König weiß enorm viel, trägt aber sein Wissen nicht zur Schau. Er scheint es nur zu haben, um es, wie man Pfeffer und Salz in die Speisen nimmt, zur Würze der Konversation zu verwenden. Im ganzen genommen erinnert er mich sehr an unsern Kaiser*, nur mit dem Unterschied, daß er leichter mit den Menschen in Verkehr tritt als dieser, weil er gewohnt ist, über alles mögliche zu plaudern, und zwar ohne merkliche Zurückhaltung. Gersdorff warf ihm stets vor, »er mache nichts aus sich«. Er meinte damit, daß er nicht genug königlich auftrete, und seine einfache, anspruchslose Art ärgerte ihn, während ich nicht umhinkonnte, sie sehr vornehm – freilich in einer anderen Art – zu finden, obwohl ich ganz gut verstand, was Gersdorff sagen wollte. Es ist eben in allem hiernieden schwer, das Rechte genau zu treffen. Auf einem kleinen Hofballe, als ich die Ehre hatte, auf dem Sofa der Estrade neben der Königin während des Kotillons zu sitzen, gesellte sich König Albert zu uns (gewöhnlich ließ mich Ihre Majestät, wie sie scherzend sagte, »zum Kotillon engagieren«, wenn ich den Hofbällen beiwohnte). Als wir nun den Tanzenden zusahen und über sie unsere kleinen Bemerkungen machten, sahen wir zu unserem Schrecken, daß eine der jungen Tänzerinnen ihren Unterrock verlor. Er wurde immer länger und länger, und schon wollte der König das Mädchen durch einen Kammerherrn aufmerksam machen lassen, als wir sie zu unserer Freude wieder vorüberfliegen sahen, und zwar in vollkommen geordnetem Anzuge. Als der Kotillon zu Ende war, erhob sich die Königin und verließ die Estrade. Plötzlich rief der neben mir stehende König aus: »Da ist er!« Und wir sahen unter einem in unserer Nähe stehenden Stuhl den ominösen Unterrock zusammengewickelt liegen. Ich weiß

* Franz Joseph I.

eigentlich nicht, warum ich die an und für sich wenig interessante Geschichte erzähle... Vielleicht nur deshalb, weil ich mich erinnere, wie herzlich wir gelacht haben und wie gemütlich und ungeniert man sich mit dem hohen Herrn unterhalten konnte. Er war eben trotz seiner Stellung so menschlich geblieben und spricht und lacht und unterhält sich so einfach, daß der Verkehr mit ihm keine Anstrengung, sondern nur Genuß und Annehmlichkeit bietet.
Trotz seiner großen Einfachheit und Anspruchslosigkeit hat aber der König eigentlich keine Idee vom Wert des Geldes im alltäglichen Leben und von den tausend kleinen Schwierigkeiten kleiner Haushaltungen. Da kann ich nicht umhin, zum Schlusse dieser etwas weitläufig ausgefallenen Plauderei noch eine Episode zu erzählen, die uns alle, und insbesondere Gersdorff, außerordentlich amüsierte: Eine Hofdame der Königin hatte einen Adjutanten Seiner Majestät, Herrn v. Minckwitz, geheiratet. Es war eine Liebesheirat ohne großes Vermögen, und nachdem beide bei den Herrschaften ganz besonders in Gnade standen, so fand die Hochzeit in der Kapelle des königlichen Schlosses statt. Nach der Trauung wurde das neuvermählte Paar zu den Majestäten befohlen, welche ihm das übliche Hochzeitsgeschenk machten. Beim Abschied sagte der König der jungen Frau: »Die Königin und ich nehmen uns vor, wenn Sie sich einmal in Oschatz (es war die Garnisonsstadt, nach welcher Herr v. Minckwitz versetzt worden war) ganz häuslich niedergelassen haben werden, Sie dort zu besuchen, und werden uns rechtzeitig bei Ihnen ansagen lassen.« Tiefgerührt über das so gnädige Versprechen dankten beide dem Herrscherpaare, und als sie sich entfernten, sagten sie sich:

»Das ist wohl ein Versprechen, welches kaum jemals gehalten werden wird.«
Eines Tages aber, nach einem halben Jahre etwa, kam ein Schreiben des Hofmarschalls, welches dem jungen Paare die Ankunft Ihrer Majestäten des Königs und der Königin für einen der nächstfolgenden Tage bekanntgab, mit dem Zusatz, daß Allerhöchstdieselben zum Diner, und zwar mit kleiner Suite, im ganzen zehn Personen, erscheinen würden. Hochgeehrt, aber niedergeschmettert zugleich, sahen sich beide an und frugen einander, wie sie es machen sollten, nachdem sie nur ein Service für sechs Personen hatten, zwölf zu bewirten ... Herr v. Minckwitz beruhigte seine Frau und sagte ihr, es gäbe da nur eines zu tun, nämlich sich an die auf den benachbarten Gütern lebenden Freunde und Bekannten mit der Bitte zu wenden, ihnen mit Silberzeug, Tafelwäsche, Porzellan, Glas, Beleuchtungsgegenständen, Teppichen, Blumen und Stühlen aushelfen zu wollen. Wie gedacht, so getan. Sie baten darum, und bereitwilligst lieferte man die verlangten Gegenstände. Durch Tage kam ein Packwagen nach dem andern, und auch Dienerschaft wurde geschickt. Es nahm sich alles reizend aus: Die kleine Wohnung war ganz umgestaltet worden, so daß man sie gar nicht mehr erkannte. Aus dem äußerst bescheidenen Heim war eine Art kleiner Blumentempel geworden. Die Mühe, die man sich gegeben hatte, war reichlich belohnt, aber Herr und Frau v. Minckwitz waren auch am Ende ihrer Kräfte.
Die Majestäten erschienen. Die Landnachbarn hatten natürlich auch Equipagen an die Bahn geschickt, und alles ging prächtig vonstatten. Das Diner, welches von einem Koch der Frau v. Sahr zubereitet war,

schmeckte den allerhöchsten Herrschaften ausgezeichnet, und jeder Gang wurde ebenso belobt wie die vorzüglichen Weine, welche gleichfalls von einem Schloßherrn zur Verfügung gestellt worden waren.
Nach dem Diner blieb man noch eine Stunde beisammen, und als der bereitstehende Extrazug nach Dresden dem König angemeldet wurde und sich die Majestäten verabschiedeten, sagte Allerhöchstderselbe zu Frau v. Minckwitz gewendet: »Ich danke Ihnen herzlichst für Ihre liebenswürdige Aufnahme, welche meine Frau und mich sehr erfreut hat. Es ist alles bei Ihnen reizend. Das Diner war vortrefflich, aber was mich am meisten an diesem Empfange gefreut hat, das ist zu sehen, daß Sie uns ganz als Freunde empfangen und gar nichts Außergewöhnliches für uns getan haben.«

## *Richard Wagner*
*1859,1860–1861*

Auf der Durchreise in Wien, von den böhmischen Besitzungen kommend, um nach Paris zurückzukehren, wurden wir mit Richard Wagner bekannt.

Der »Tannhäuser« hatte mich begeistert, mein sehnlichster Wunsch war es, dessen Autor kennen zu lernen, und dieser Wunsch wurde dank Liszts Vermittlung erfüllt. Liszt befand sich zu derselben Zeit in Wien und brachte uns eines Nachmittags Wagner in die damals noch in einem großen Garten stehende Villa am Rennweg.

Er stellte uns seinen Freund mit den Worten: »Richard Wagner, le musicien de l'avenir comme on l'appelle« (der Zukunftsmusiker, wie man ihn nennt) vor. Liszt sprach bekanntlich meistens französisch. Nachdem die Vorstellung stattgefunden hatte, fing er an, deutsch zu reden, und die Unterhaltung gestaltete sich gleich sehr anregend, denn niemand verstand es besser als Liszt, den Konversationston anzuschlagen.

Wagner, anscheinend ziemlich verlegen, jedenfalls sehr zurückhaltend, nahm sich mehr wie ein Bittsteller aus als das, was er war, nämlich ein Riese auf dem Gebiete der Musik, und seinem Äußeren nach hätte man in dem schwachen, kleinen, blassen Männchen, welches ziemlich zaghaft dasaß, niemals den Titanen gesucht!

Endlich schien seine Verlegenheit zu schwinden, und er mengte sich in das Gespräch. Auf meine Frage, ob er ein Instrument spiele, erwiderte er: »Ich kann mich auf dem Klavier verständlich machen, eigentlich spiele ich nur Orchester!« – »C'est bien cela, tout a fait cela« (Genau so ist es), fiel Liszt lachend ein, »dein Klavierspiel ist nicht einen Schuß Pulver wert!...« Diese Äußerung schien Wagner keineswegs zu belustigen, und er erwiderte gereizt: »Nun, gar so schlecht spiele ich denn doch nicht!«

Als beide Herren sich empfahlen, frug uns Liszt, ob er denn nicht an einem Abende mit seinem Freunde Wagner kommen könne, um uns verschiedenes aus der Nibelungen-Trilogie zu Gehör zu bringen. Wagner würde uns dann einiges erklären und gelegentlich auch vorsingen. Dieser Antrag wurde selbstverständlich freudig und dankbar angenommen und der Abend gleich festgesetzt.

Wir baten einige Freunde und Bekannte, von welchen wir wußten, daß sie Musikfreunde waren, und so saßen wir einige Tage nach der getroffenen Vereinbarung um das Klavier in unserem großen Salon herum und harrten der Dinge, die da kommen sollten.

Liszt setzte sich zum Flügel. Die Zauberklänge rauschten dahin, daß man sich in höhere Sphären versetzt meinte. Da erhob plötzlich Wagner die Stimme, und wie etwa ein krächzender Rabe schrie er das Frühlingslied Siegmunds aus der »Walküre«, daß einem wirklich Hören und Sehen verging. Dann bat er Liszt, ihm den Abschied Wotans zu begleiten, den er brüllte, und gleich darauf ging er auf den Gesang Brünhildens über. So ging es fort durch alle Rollen, Tonarten und Register!

Als gesangliche Leistung war es wohl entsetzlich. Was aber das feine, tiefe Verständnis anlangt, unerreichbar. Man durchlebte mit ihm seine Dichtungen, und obwohl seine Stimme der Inbegriff aller Scheußlichkeit war, so verstand er es, seiner Musik die höchste Weihe zu verleihen, und eine großartigere Auffassung und Wiedergabe wird wohl kein anderer jemals empfinden und treffen.
So schrie und spielte und brüllte er wie ein Löwe den Gesang der Riesen im »Rheingold«. Der kleine, blasse, unansehnliche Mann, den wir vor einigen Tagen wie einen Bittsteller am äußersten Rand des Stuhles hatten sitzen sehen, wuchs scheinbar auch physisch zu übermenschlicher Größe heran; er wurde tatsächlich zum Riesen. Seitdem ich von Wagner den Eintritt der Riesen habe spielen sehen, habe ich mich nie mit den Darstellern dieser Szene befreunden können. Wagner war ein Riese – die anderen bleiben Menschen mittlerer Statur.
Meine Bewunderung, mein Entzücken, meine Begeisterung kannte keine Grenzen. Wagner schien sich darüber zu freuen, daß ich auf den Geist der Sache so eingegangen sei. Ich sagte ihm: »Solche Werke sind nicht für Deutschland und Deutschsprechende allein geschaffen – die gehören der Welt! Die müssen in Frankreich, England, Italien, mit einem Worte, überall aufgeführt werden!« Er erwiderte: »Das erlebe ich nicht, das erleben Sie nicht einmal!« Ich fiel ihm ins Wort und rief aus: »Kommen Sie nach Paris, und wir wollen sehen, ob man dort nicht mit dem ›Tannhäuser‹ einen Anfang machen kann!« Er sah mich kopfschüttelnd an und meinte, seine Musik sei nichts für die Pariser.
Als sich die Gesellschaft noch ganz unter der Einwir-

kung der merkwürdigen Produktion trennte, nahm mich Wagner zur Seite und frug mich, ob es mir genehm wäre, wenn er mich den darauffolgenden Morgen abholen würde, um mich der ersten Probe des Vorspieles von »Tristan« im Hofoperntheater unter seiner Leitung beiwohnen zu lassen. Natürlich nahm ich das Anerbieten an, und am nächsten Vormittag um zehn Uhr saß ich in der Parkettloge Nr. 2 rechts und hörte zu.

Der Meister trat an das Pult und wurde von den Orchestermitgliedern stürmisch begrüßt. Ohne viele Verbeugungen und Danksagungen gab er gleich das Zeichen zum Anfang, und es ging los. Unsere prächtigen Musiker lasen ihre Stimmen vom Blatte, als ob es ein Kinderspiel gewesen wäre, und hätte ich nicht gewußt, daß keiner von ihnen die Noten früher auch nur erblickt hatte, ich hätte darauf geschworen, daß einige Proben schon vorausgegangen wären. Inmitten des herrlichen Vorspiels hielt Wagner plötzlich inne. Der Meister stieg ins Orchester hinab und ging von einem Pult zum andern, mit einem Bleistift in der Hand, um Änderungen vorzunehmen. Es herrschte lautlose Stille. Dies mag wohl etwa zwanzig Minuten gewährt haben, als dann Wagner wieder seinen Sitz einnahm, den Taktstock erhob und das Vorspiel wieder beginnen ließ. Als er nun zur neugeschriebenen Stelle kam, spitzte alles die Ohren in Erwartung der Dinge, die da kommen sollten, und es erklang tatsächlich mächtiger und herrlicher als je zuvor, wo es doch schon so schön geklungen hatte, so daß wir sprachlos und tief ergriffen waren von der Macht des Genies, welches mit einigen Strichen Unglaubliches geleistet hatte. Wagner spielte allerdings Orchester, und *wie* spielte er es!

Das Phrasenmachen ist nie mein Fall gewesen. Ich habe Wagner nie besonderen Weihrauch gestreut, nur beim Weggehen sagte ich ihm, in enthusiastischer Weise auf ihn zueilend: »Kommen Sie nach Paris, glauben Sie mir!« Und ich dankte ihm aus vollem Herzen für den unbeschreiblichen Genuß, den er mir geboten hatte. Daraufhin gab er mir die Hand und sagte ernst: »Also auf Wiedersehen!« – »In Paris?« frug ich. »In Paris!« gab er mir kurz und bündig zur Antwort. Zwei Tage darauf reisten wir nach Frankreich zurück, und Wagner und Liszt verließen gleichfalls Wien. Es war ungefähr Mitte Oktober.

Gegen den 20. November begaben wir uns nach Compiègne zur kaiserlichen Herbstvilleggiatur. Ich erzählte dort, daß ich Richard Wagner kennengelernt hatte und noch unter dem Eindrucke seines gewaltigen Genies stünde. Da wurde ich verhöhnt, und man versicherte mir hoch und teuer, daß die abscheuliche Zukunftsmusik niemals ihren Einzug in Frankreich halten würde. Frankreich, hieß es, liebe nur Melodie – reine Melodie! Überdies sei dem in Deutschland lächerlicher- und unbegreiflicherweise gefeierten und bis zu den Wolken erhobenen Zukunftsmusiker auch die Harmonie ein unbekanntes Ding, er verstünde nur, mit Pauken und Trompeten Lärm zu schlagen – jeder Akkord klänge falsch –, kurz und gut, er sei ein durch Schwindel aufgebauschtes falsches Talent!

»So falsch«, fügte ein Wüterich hinzu, »wie seine Akkorde und seine alle Regeln der Harmonielehre umstoßenden Übergänge!«

Mit Menschen, die so unsinnige Urteile fällen, zu streiten, war ein Ding der Unmöglichkeit – in meinem Tiefinnersten habe ich aber diesen Leuten Rache geschwo-

ren, und heutzutage bin ich weit über meine Erwartungen gerächt, denn wenn ich mich auch zu den begeisterten Anhängerinnen Wagnerscher Musik zählen darf, so bin ich von den meisten Franzosen in meiner Begeisterung übertrumpft. Nachdem mir aber damals so viele Leute ganz kategorisch erklärt hatten, daß Wagners Musik in Frankreich – ganz speziell aber in Paris – nie und nimmermehr Eingang finden würde, so wagte ich es nicht, Schritte zu unternehmen, um eine Aufführung des »Tannhäuser« zu ermöglichen, und ich ließ die Sache vorderhand ruhen.
Der Gedanke verließ mich aber nicht, und da bot sich mir unerwarteterweise eines Tages der Anlaß, ihn zu verwirklichen.
Ein Ball in den Tuilerien gab mir dazu Gelegenheit. Kaiser Napoleon war auf mich zugekommen und unterhielt sich längere Zeit mit mir. Als die Sprache auf die Vorstellungen in der Oper kam, konnte ich nicht umhin, dem Kaiser ganz offen zu erklären, daß es im höchsten Grade bedauerlich sei, daß das Repertoire ein so beschränktes sei und nur immer zwischen »Wilhelm Tell«, den »Hugenotten« und der »Favoritin« sich bewege. »Warum«, sagte ich, »ist es denn nicht möglich, neue erfolgreiche Werke, wie an den großen Bühnen Österreichs und Deutschlands, auch hier zu geben?« Und nun dachte ich mir, jetzt oder nie ist der Augenblick gekommen, mit Wagner und dem »Tannhäuser« herauszurücken. Gedacht, getan; und so fügte ich hinzu: »Ich hätte da selbst eine große Bitte – ein Anliegen Euerer Majestät vorzutragen«, worauf der Kaiser erstaunt, aber lächelnd erwiderte: »Eine Bitte bezüglich der Oper?« – »Ja, einer Oper wegen, die ich für mein Leben gerne hier aufgeführt sehen möchte ...«

»Und von wem ist diese wundervolle Oper?« frug der Kaiser.
»Von Richard Wagner, einem der größten Komponisten der Jetztzeit. Sie heißt der ›Tannhäuser‹ und wird in Wien gegeben, wo sie, wenn auch nicht allgemeine Anerkennung findet, doch von allen Musikkennern als ein Meisterwerk gepriesen wird.«
»Der ›Tannhäuser‹ – Richard Wagner«, sagte der Kaiser so vor sich hin, nach seiner Angewohnheit sich den Schnurrbart streichend, »ich habe nie von der Oper noch von dem Komponisten gehört. Und Sie behaupten, diese Oper sei wirklich gut?« Auf meine Bejahung hin wendete sich Seine Majestät gegen seinen in der Nähe stehenden Oberkammerherrn Grafen Bacciocchi, welchem die kaiserlichen Theater unterstanden, und in seiner einfachen Art sagte er ihm: »Hören Sie, Bacciocchi, die Fürstin Metternich interessiert sich für eine Oper, der ›Tannhäuser‹ genannt, von einem gewissen Richard Wagner, und wünscht sie hier aufgeführt zu sehen – lassen Sie sie geben!«
So war der »Tannhäuser« für Paris geboren. Bacciocchi verbeugte sich und sagte: »Wie Euere Majestät befehlen. Nur wird es einige Zeit in Anspruch nehmen, weil man eine große Oper nicht so von heute auf morgen geben kann.«
Ich war starr vor freudiger Überraschung und Erstaunen über die fabelhafte Leichtigkeit, mit welcher mein Wunsch in Erfüllung gehen sollte. Es kostete also nur ein Wort, und dieses Wort hatte ich so lange gezögert auszusprechen! Und so kam es ganz natürlich, ohne Spur einer Intrige, daß Wagner seine Oper nach Paris eingefuhrt sah. Einen einfacheren Hergang kann man sich kaum denken.

Der »Tannhäuser« sollte im kommenden Jahre zur Aufführung gelangen, und Wagner wurde davon in Kenntnis gesetzt. Dankbarkeit ist nie seine Sache gewesen, und so nahm er die Nachricht danklos auf.
Im Spätherbst fingen, glaube ich, die Proben an. Im März sollte die Oper aufgeführt werden. Bekanntlich gibt es kaum anderswo ein Theater, wo so lange geprobt und herumgezogen wird, bevor ein Werk das Tageslicht erblickt, als in Paris an der Großen Oper. Im Laufe des Winters 1861 kam Richard Wagner an, um den Proben beizuwohnen. Wenn er von sich selbst sagen konnte, »daß er Orchester spiele«, so hätte er hinzufügen können, daß er mit den Musikern im Orchester jedoch nicht spiele, sondern sie zu Tode quäle. Er war unausstehlich, und wenn der Befehl, den »Tannhäuser« aufzuführen, nicht direkt vom Kaiser ausgegangen wäre, so dürfte er schwerlich über die Bretter gegangen sein, da Musiker, Sänger, Choristen, Costumiers, Maschinisten, und ich glaube, selbst die Lampenanzünder förmlich wild wurden und sich öfters weigerten, den Launen des Meisters nachzugeben.
Niemann wurde von Deutschland berufen, um die Rolle des Tannhäuser zu übernehmen und somit einem dringenden Wunsche Wagners nachzukommen. Der Tag der Aufführung nahte, und Wagner wurde mit jedem Tag unausstehlicher.
Liszt, welcher in Paris eingetroffen war, vermochte es nicht, seinen Freund zu beruhigen. Eines Morgens kam er mit ihm zu uns, und als die Rede auf die bevorstehende Aufführung kam, ereiferte er sich in ungewohnter Weise, stürzte zum Klavier hin, riß es auf, nur um uns zu zeigen, wie der Einzugsmarsch gespielt werden sollte, und hackte ihn ganz scheußlich herab. Da

riß Liszt die Geduld; er sprang von seinem Sitze auf, stieß Wagner einfach beiseite, setzte sich zum Klavier hin, griff mit Macht in die Tasten, und der prächtige Einzugsmarsch erscholl, so daß man im Geiste die Schar der Geladenen, in aller Pracht und Herrlichkeit einziehend, vor Augen zu haben meinte.
Liszt hatte die Gabe, sein Spiel so dramatisch zu gestalten, wie ich es bei keinem anderen Künstler – ja selbst nicht bei Rubinstein – erlebt habe.
Als Liszt aufstand, sagte er zu Wagner: »Ich spiele doch besser als du«, worauf dieser in gekränktem Tone, sich gegen uns wendend, meinte, Liszt habe es immer darauf abgesehen, sein musikalisches Können herabzusetzen. Wir konnten nicht umhin, diese alberne, kleinliche Art zu belächeln. Nicht seine musikalische Begabung, sondern nur die äußerst mangelhafte Technik seines Klavierspiels hatte Liszt getadelt. Doch Wagners Eitelkeit war so unbändig, daß er die leiseste Kritik nicht vertrug, einerlei, ob sie sich gegen seine Werke, seinen Geschmack, sein Äußeres oder irgend etwas, das ihn betraf, richtete.
Ich habe es gewagt und rühme mich dessen, ihm ganz offen gesagt zu haben, daß Mime anzuhören mir nicht den mindesten Genuß bereite, daß Frickas Gardinenpredigt viel zu lang ausgefallen sei, daß die Szene im Venusberg zu lang sei, daß er überhaupt meinem Gefühle nach immer seine Szenen zu sehr in die Länge ziehe usw. Ob er in seinem Innersten mir böse ward oder ob er meine Aufrichtigkeit zu schätzen wußte, wüßte ich nicht zu sagen. Ich glaube aber, daß er mich für riesig dumm gehalten hat – eine spätere Episode hat mir dafür den besten Beweis geliefert.
Wenn seine sachverständigen Freunde und Bekannten

es über sich gebracht hätten, zuweilen Kritik zu üben und ihm reinen Wein einzuschenken, Wagner hätte manches in seinen Werken geändert, besonders manches gestrichen, was nur dem Ganzen zum Vorteile gedient hätte. So aber hat durch maßloses Weihrauchstreuen das Bewußtsein der Unfehlbarkeit und Gottähnlichkeit sich bei ihm bis zur Lächerlichkeit gesteigert.

Der Tag der Aufführung rückte heran, und man sah ihm in den meisten Kreisen mit wenig Wohlwollen entgegen. Es hieß allgemein, daß man gegen die abscheuliche Zukunftsmusik Protest erheben würde und stürmische Szenen in der Oper bevorstünden. In sämtlichen Klubs waren die Herren aufgebracht, weil Wagner kein Ballett, außer einigen Posen der Ballerinen im Venusberg, haben wollte! Die Abonnenten der Klublogen in der Oper sind nämlich gewöhnt, daß Punkt halb zehn Uhr in jeder Oper (wenigstens war dies zur damaligen Zeit Sitte) ein Ballett eingeschaltet wird. Wo nun im »Tannhäuser« inmitten der Oper ein Ballett möglich sein sollte, das entzog sich unserer aller Beurteilung, und Wagner erklärte, daß er nicht auf die Wünsche der obgenannten Abonnenten eingehen würde, weil er es nicht könne. Und er hatte darin vollkommen recht. Aber es sollte ihm diese Renitenz teuer zu stehen kommen.

Am Abend des 13. März 1861 fuhr ich mit meinem Manne in die Oper, welche damals in der Rue Lepelletier gelegen war. Eine Wagenburg staute sich vor dem Eingang, wie dies bei allen brillanten Premieren der Fall ist. Wir gingen mit zahllosen Bekannten die große Treppe hinan. Es war ein Menschengewimmel, und ich wurde mit tausend Fragen bestürmt, so wie etwa: »Eh

bien! Votre Wagner aura-t-il du succés?« (Na, wird Ihr Wagner Erfolg haben?) – »On le dit assommant« (Er soll unerträglich sein), entgegnete ein anderer. Dann hieß es: »Princesse! Préparez vouz à entendre siffler votre protégé« (Prinzessin, seien Sie darauf gefaßt, daß Ihr Schützling ausgepfiffen wird), und auch: »Pourquoi voulez-vous nous imposer ce monsieur, qui fait la guerre a toute mélodie« (Warum wollen Sie uns diesen Herrn aufdrängen, der mit jeder Melodie auf Kriegsfuß steht?), und so weiter.
Bei meinem Eintritt in die große Loge zwischen den Säulen – loge entre les colonnes –, gegenüber der Bühne, kehrte sich alles im Saale gegen mich, und ich wurde gemustert, wohl um zu sehen, ob ich aufgeregt sei oder nicht.
Ich hielt mich tapfer und setzte mich anscheinend ruhig hin, aber in meinem Innern, da tobte es; ich ahnte wohl, daß die Geschichte schiefgehen würde, da man, bevor noch eine Note gespielt war, hörte, wie einige Leute versuchten, auf Schlüsseln zu pfeifen... Es herrschte, mit einem Worte, eine entsetzlich feindliche Stimmung, und man schien entschlossen, von Haus aus dem »Tannhäuser« den Garaus zu machen. Das unterlag keinem Zweifel! Da erschien der langweiligste aller Kapellmeister – eine temperamentlose Schlafmütze –, Hainl, am Dirigentenpult. Ein schriller Pfiff durchflog den Saal. Hainl, welcher in die Kategorie der Taktschläger gehörte, erhob seinen unglückseligen langen Fiedelbogen – in Frankreich scheint nämlich der Taktierstock zu den unbekannten und unnützen Gegenständen zu gehören. Die prächtige Ouvertüre ging nun los. In der Nebenloge sagte ein Herr ganz laut, als sie ausgeklungen und ziemlichen Beifall gefun-

den hatte: »C'est moins mauvais que je ne pensais.« (Das ist weniger schlecht, als ich dachte.) Er dürfte heute zu den eifrigsten Besuchern Bayreuths gehören. Es ging dann alles so ziemlich glatt ab. Man ertrug übel gelaunt den Venusberg, als aber dann im ersten Akte das kleine Hirtenlied erklang, da erscholl lautes Gelächter, und Rufe von den Galerien drangen herab, so wie: »As tu bientôt fini, crétin, avec ton air de Mirliton?« (Bist du mit deinem Gedudel bald fertig, du Kretin?) und zugleich mischten sich die gräßlichsten Pfiffe in das Gejohle. So ging es dann abwechselnd zwischen Pfeifen, Lachen, Johlen und verächtlichem Schweigen bis zum Einzugsmarsch. Selbst das schöne Hereinkommen Elisabeths: »Dich, teure Halle, grüß ich wieder!« konnte das Publikum nicht erwärmen – nur als der Marsch ertönte, da gab es warmen, sogar enthusiastischen Beifall, und nach Schluß desselben kehrte sich ein großer Teil des Publikums gegen die Loge, in welcher ich mich befand, und klatschte mir mit voller Furia francese Beifall zu, als ob ich den Einzugsmarsch komponiert hätte!
Nun war es aber mit der ganzen Herrlichkeit vorbei, und keine Hand rührte sich mehr anders, als um einen Schlüssel oder ein Pfeifchen zum Munde zu führen! Es war ein Fiasko allerersten Ranges. Ich könnte unmöglich sagen, ob Niemann gut oder schlecht war – ich glaube eher letzteres –, ob Marie Sass gesungen oder ob jemand in der Kulisse es für sie getan hat – in einem Worte, ich hatte jede Urteilskraft verloren, so tief bestürzt und gekränkt war ich über den Mißerfolg. Der berühmte Theaterkritiker Jules Janin hat tags darauf einen reizenden Artikel, »L'éventail« betitelt, geschrieben, welcher große Sensation hervorrief, in wel-

chem er seinem Bedauern über mein Mißgeschick Ausdruck verlieh, und um die Sache interessant zu machen, erzählte er, ich hätte tränenüberströmt meinen schönen und kostbaren Fächer in Stücke gebrochen. Der Artikel fing an: »Il est cassé le bel éventail...« (Der schöne Fächer ist zerbrochen...) – jedoch war der schöne Fächer nicht zerbrochen – an der hübschen Geschichte ist kein wahres Wort. Ich habe bis zum Ende der Vorstellung ausgehalten, aber allerdings dabei wahre Qualen erlitten. Als wir im Wagen saßen, sagte ich meinem Manne beim Nachhausefahren: »Wagner hatte recht, seine Musik ist nichts für die Pariser!«

Noch ein paarmal wurde der Versuch gemacht, »Tannhäuser« aufzuführen, allein diese Vorstellungen stießen auf denselben Widerstand, und des Pfeifens und Johlens war kein Ende. Die Herren in den Klublogen gebärdeten sich wie rasend, und ehe noch der Vorhang in die Höhe ging, fing immer schon der Lärm im Hause an. Da entschloß sich Wagner, seine Oper zurückzuziehen, was ihm denn auch von der Direktion gerne bewilligt wurde, und der »Tannhäuser« hatte nach kurzem, aber schwerem Leiden ausgerungen! Nun kam aber für Wagner eine bittere Zeit. Er hatte auf die Tantiemen gerechnet, um die Ausgaben seines Pariser Aufenthaltes zu bestreiten, und da stellte es sich heraus, daß ihm die Geldmittel fehlten. Leichtfertig, wie es die Künstler meistens sind, hatte er weit über seine Verhältnisse gelebt, Ausgaben gemacht, und so waren Schulden aller Art wie die Pilze an allen Enden und Ecken herangewachsen, so daß der Unglückliche nicht mehr wußte, wo ein, wo aus. Ein Freund teilte uns in vertraulicher Weise die geradezu trostlose Lage, in welcher er sich befand, mit, und wir entschlossen uns, unter seinen Bekannten und nicht allzu zahlreichen Verehrern eine Kollekte zu veranstalten. Mein Mann schrieb sich als erster mit 5 000 Franken ein. Wir schickten den Bogen herum und brachten binnen vierundzwanzig Stunden die Summe von 25 000 Franken zusammen. Die Schulden wurden gezahlt. Wagner behielt noch einige tausend Franken Reisegeld und verließ tiefgebeugt Paris.

Ich habe ihn dann noch zwei- oder dreimal in Wien gesehen. Die Eindrücke über seinen mißglückten Pariser Aufenthalt hat er in einer Schrift – deren Titel ich mich nicht entsinne – veröffentlicht. In dieser Schrift ist auch nebenbei von seinem Verkehr in unserem Hause die Rede, und er äußert sich an einer Stelle ungefähr wie folgt: »In Paris verkehrte ich öfters im Hause des österreichischen Botschafters Fürsten Metternich. Der Fürst, welcher in freien Stunden musizierte, zeigte mir einmal seine Kompositionen, welche auf dem Klavier ausgebreitet dalagen, und belästigte mich mit dem Ersuchen, sie durchzusehen. Die Fürstin, eine heitere junge Frau, sagte mir einmal vorübergehend, daß sie eine große Vorliebe für die Bachschen Fugen habe . . ., was sie damit gemeint, wüßte ich wirklich nicht zu sagen!«

Was nun das Ersuchen meines Mannes betrifft, so stand die Sache insofern anders, als Wagner sich eines Abends nach dem Diner dem Klavier genähert hatte, und als er geschriebene Noten darauf liegen sah, frug er: »Wer komponiert denn hier?« und nahm ein Heft, um es zu durchblättern. Mein Mann, der, obwohl ein äußerst begabter Dilettant, sehr bescheiden und nichts weniger als eingebildet war, trat hinzu und rief aus:

»Bitte, sehen Sie diese elenden Kompositionen doch
nicht an, ich bin ein Stümper und schreibe nur Tanz-
musik zu meinem Vergnügen!« Wagner ließ aber das
Heft nicht aus, setzte sich zum Klavier hin, sah das-
selbe flüchtig durch und sagte: »Fehler haben Sie nicht
gemacht, nur zum Schlusse würde ich diese Akkorde
nehmen, es würde origineller klingen!« Und er spielte
sie. Mein Mann war selbstverständlich dem Meister
sehr dankbar und sagte ihm: »Diesem bescheidenen
Walzer ist eine große Ehre widerfahren!« Das war die
Belästigung!

Was die alberne Äußerung der heiteren jungen Frau
anlangt, welche in der von Wagner vorgebrachten
Weise allerdings sonderbar klingt, so bezog sich die-
selbe auf ein Gespräch, welches bezüglich Bachscher
Fugen stattfand. Nachdem Liszt einige solche ganz
wunderbar zu Gehör gebracht hatte, erlaubte ich mir
die Bemerkung, daß es viele Menschen gäbe, die Fu-
gen entsetzlich trocken und langweilig fänden, wäh-
rend ich schon in früher Jugend eine besondere Vor-
liebe dafür empfunden habe, was mir selbst eigentlich
unerklärlich sei, nachdem ich keine Ahnung vom Kon-
trapunkt habe.

Andere Erinnerungen an uns sind in Wagners Ge-
dächtnis nicht zurückgeblieben. Die eine an die Unbe-
scheidenheit meines Mannes – die andere an meine
Dummheit!

In seinen Briefen an mich ist Wagner allerdings uns
gegenüber bedeutend nachsichtiger gewesen. Für die
unendlichen musikalischen Genüsse, die mir Wagner
geboten hat und noch bietet, werde ich ihm aber im
mer dankbar bleiben! Dankbar insbesondere dafür,
daß mein Name mit jenem des »Tannhäuser«, wenig-

stens in Paris, immer zugleich genannt wird. Das ist Wagners Dank und Vermächtnis. Heutzutage sind des unsterblichen Meisters Werke in Paris populär, unter den zahlreichen Pilgern nach Bayreuth sind, wie man mir oft gesagt hat, die Franzosen am zahlreichsten vertreten, und wenn eine Wagnersche Oper in der »Académie Nationale de Musique« angesetzt ist, macht das Theater ein volles Haus.

Tempora mutantur!

## *Franz Liszt*

Ich habe immer eine große Vorliebe für Franz Liszt, nicht nur als Künstler, sondern auch als Menschen gehabt. Persönlich war er mir sympathischer als Wagner. Liszt war wohl eitel – welcher große Künstler ist es nicht –, allein dabei war er so unendlich gut, so großmütig, so treu in seinen freundschaftlichen Beziehungen, daß man über die Eitelkeiten bald hinwegkam, wenn man mit ihm in näheren Verkehr getreten war und ihn wirklich kennengelernt hatte.

Ich gedenke gerne seiner Besuche in Paris, wo er bei jedesmaliger Anwesenheit viel in unser Haus kam. Bei einem dieser Besuche ereignete sich's, daß Gounod uns schon zu einer Abendunterhaltung gebeten hatte, und als er erfuhr, daß Liszt in Paris sei, bat er uns, denselben in seinem Namen zu ersuchen, der Soiree beizuwohnen. Sonderbarerweise kannten sich Liszt und Gounod nicht, so daß mein Mann und ich die Bekanntschaft vermittelten. Liszt nahm die Einladung an. Bei unserem Eintritt wurden wir alle drei mit Jubel begrüßt, Liszt in erster Reihe, weil er Liszt war, und wir, weil wir ihn bestimmt hatten, Gounods Einladung anzunehmen. Er trug damals schon das Priesterkleid und hatte eigentlich nicht mehr recht Lust, Künstlerkreise zu besuchen. Wir hatten ihm versichert, daß er, ohne Gounod zu kränken, nicht absagen könne, und seine

Herzensgüte trug den Sieg davon. Er kam, sah und siegte.
Als die obligaten Vorstellungen vorüber waren, setzte sich Gounod zum Klavier und sang, so wie er allein singen konnte, mit einer wohl schwachen und etwas verschleierten Stimme, ja, beinahe möchte ich sagen, mit einer unschönen Stimme für den, der nur Glockentöne zu würdigen weiß, aber dafür mit einer so unglaublich entzückenden Vortragsweise, daß immer alles hingerissen war. Er sang verschiedenes aus seinem »Faust« und übernahm die Partien des Soprans, des Tenors und des Baritons abwechselnd mit einer so unglaublichen Meisterschaft, daß selbst Liszt nicht aus dem Staunen herauskam. Als Gounod endlich innehielt, sagte ihm Liszt, daß er gerne einiges aus dem »Faust« spielen würde, aber um die Noten bitten müsse, weil er die Oper nicht genügend kenne. Gounod meinte, er habe nur die Orchesterpartitur da, worauf Liszt lachend erwiderte, das schade nichts, er werde sich mit Hilfe des Autors schon darin zurechtfinden. Und als dieselbe ihm auf das Pult gelegt wurde, fing er an mit der ersten Begegnung Gretchens mit Faust, ging dann in den Walzer über, den er, wie auch das Vorhergegangene, wundervoll paraphrasierte, und so weiter und weiter. Alles war hingerissen und begeistert.
»En voilà assez«, sagte er der Gesellschaft, »je vais en l'honneur de la Princesse jouer maintenant son morceau favori – la Carità – de Rossini.« (Genug davon. Jetzt werde ich zu Ehren der Prinzessin ihr Lieblingsstück spielen – la Carità von Rossini.) Er spielte dieses Stück ganz wunderbar – ich habe es übrigens nie von jemand andern als von Liszt spielen hören.

Nach dem Gounod-Abend gab es auf der Botschaft einige musikalische Abende, an denen Liszt das große Wort führte. So unglaublich es klingen mag, so kann ich nicht umhin zu erzählen, daß Liszt mir einmal antrug, mit ihm vierhändig einen Straußschen Walzer zu spielen! Mich bitten lassen wäre mir nicht eingefallen, denn in dem gegebenen Falle, wo wir ganz unter uns waren, wäre es geradezu albern gewesen. »Mit großem Vergnügen«, erwiderte ich, und todesmutig stürzte ich mich in den Kampf mit dem Walzer »Nachtfalter«. So schön habe ich in meinem Leben nicht gespielt, denn selbstverständlich hörte man nur Liszt. Mein Geklimper war wie das Summen einer Mücke neben dem Gebrüll des Löwen.

An einem dieser gemütlichen Abende erschien unser Freund Saint-Saëns. Liszt trug ihm an, auf zwei Klavieren zu spielen, was er mit Enthusiasmus annahm. Es war großartig, diese beiden vereint spielen zu hören. Liszt sagte: »Il faut avouer que nous jouons joliment bien à nous deux« (Man muß zugeben, daß wir zwei recht gut spielen), und lachte herzlich über das selbstgespendete Lob; dann wandte er sich gegen Saint-Saëns und rief aus: »Il est possible d'être aussi musicien que Saint-Saëns, mais il est impossible de l'être davantage.« (Man kann genauso musikalisch wie Saint-Saëns sein, aber nicht musikalischer.)

Der Kaiser Napoleon und die Kaiserin Eugenie hatten von den Liszt-Abenden bei uns gehört und wünschten, den Meister bei sich zu sehen. Wir wurden beauftragt, ihn in die Tuilerien zu bringen, und die Einladung erging an ihn und an uns in Form eines kleinen Diners. Nach dem Essen bat der Kaiser Liszt, ihm vorzuspielen, und so gab dieser wieder meine »Carità« zum be-

sten und darauf einen reizenden Schubertschen Walzer, den er »Backhendel« nannte, welcher aber, wie ich glaube, nicht unter diesem Titel bekannt ist. Endlich kam die »Preghiera« aus Rossinis »Moïse«. Als zum Schlusse Liszt mächtige Tremolos erklingen ließ, sagte ihm der Kaiser nach Beendigung des Stückes: »Comme vous imitez bien le tonnerre!« (Wie gut Sie den Donner nachahmen!) Dieses Lob wirkte wie etwa ein Guß eiskalten Wassers, der unversehens über jemanden gestürzt worden wäre. Die Erwärmung folgte aber tags darauf in Form der Ehrenlegion, welche der Kaiser durch meinen Mann dem Künstler übersandte.
Endlich trat nun auch Graf Walewski, der damalige Ministre des Beaux Arts, mit der Bitte an uns heran, Liszt zu bestimmen, sich von uns in seinen Salon schleppen zu lassen. Das ging nicht so leicht, und wir bedurften aller Überredungskünste, um den Meister zur Annahme zu bewegen.
Liszt wurde natürlich gleich bestürmt, sich hören zu lassen, und ich darf es mit Stolz gestehen, wenn ich nicht so sehr in ihn gedrungen hätte, so würde an diesem Abend niemand auch nur einen Ton von ihm gehört haben. Er war nicht nur mißmutig, sondern geradezu wütend, und sagte mir: »Vous promenez l'ours!« (Sie zeigen mich wie einen Tanzbären herum!)
Glücklicherweise war Mademoiselle Viardot-Garcia, die berühmte Sängerin und einzige Künstlerin – an welche mich jetzt nur mehr Lilli Lehmann erinnert, was Größe und Stil im Gesange anlangt –, unter den Anwesenden, und in ihrer liebenswürdigen Art kam sie mir zu Hilfe, indem sie Liszt bat, ihr den »Erlkönig« zu begleiten. Da hatte ich gewonnenes Spiel. Ja!! Ich habe den »Erlkönig« von der Viardot singen und von

Liszt begleiten hören, und kann versichern, daß es wohl schwer möglich ist, einen mächtigeren und großartigeren Eindruck für sein Leben lang davonzutragen! Liszt verließ Paris, und wir trafen ihn erst nach Jahren in Wien, und zwar 1881. Ich war eines Abends allein und in ein Buch vertieft. Da öffnete sich die Türe und man meldete: »Herr Liszt!« Er kam aus Weimar, wo er eine musikalisch-poetische Trauerfeier für die unvergeßliche Marie Mouchanow (früher Madame Kalergis) organisiert hatte. In einem großherzoglichen Gartenpavillon, den er mit Blumen und Pflanzen hatte dekorieren lassen und inmitten welcher er die Büste der Verblichenen aufstellen ließ, gab er den Freunden und Verehrern derselben jene Musikstücke zu hören, welche sie so einzig schön zu spielen wußte, und endete mit einer ihr als Abschiedsgruß gewidmeten »Elegie«. Nachdem er mir von Marie Kalergis erzählt hatte, fügte er hinzu: »Ich weiß, daß Sie die Verstorbene liebten ... Sie sollen auch teilnehmen an unserer Erinnerungsfeier!« Er schritt zum Klavier hin, öffnete es, und an diesem Abende, den ich allein mit ihm zubrachte, hat er so gespielt, wie ich ihn niemals schöner spielen gehört habe. Wohl zwei Stunden saß er da und spielte sphärenhaft ... es schien merkwürdigerweise, als ob er sich das Eigentümliche der Spielart der uns beiden so lieben und teuren Freundin und großen Künstlerin angeeignet hätte, denn von Zeit zu Zeit sagte er halblaut vor sich hin: »C'est bien comme cela qu'elle jouait du Chopin ... c'est ainsi qu'elle rendait cette phrase ...« (So hat sie Chopin gespielt ... so hat sie diese Phrase wiedergegeben ...)
Als er mich verließ, standen Tränen in seinen Augen, und er sagte: »Marie Mouchanow, en disparaissant a

laissé un vide que pour moi rien ni personne ne saura jamais combler – je lui etais profondément attaché – la vie a perdu de son charme depuis qu'elle y fait defaut.« (Marie Mouchanow hat eine Lücke hinterlassen, die nichts und niemand je ausfüllen kann – ich war ihr zutiefst verbunden – das Leben hat seinen Reiz verloren, seit sie von uns gegangen ist.) Dann gab er mir die Hände, sagte mir Lebewohl und setzte hinzu: »Je ne jouerai plus – c'est la dernière fois, que vous m'aurez entendu!« (Ich werde nicht mehr spielen – das war das letztemal, daß Sie mich gehört haben!) Ich habe ihn auch nicht mehr gehört.

Aus Paris sandte er mir einmal ein schön eingebundenes Exemplar des Klavierauszuges von »Lohengrin«. Es stehen auf der ersten Seite folgende, von seiner Hand geschriebene Worte:

»Exemplaire appartenant à M$^{me}$ la Pcesse de Metternich comme son très humble serviteur

F. Liszt.«

Ich bin auf diesen Doppelbesitz nicht wenig stolz.

## *Maître Lachaud*

*Paris 1862*

Eines Abends stand ich inmitten des großen Salons im Ministerium des Äußern und konversierte mit den verschiedenartigsten Menschen, als Minister Rouher auf uns zutrat, um sich an dem Gespräche zu beteiligen. Rouher war wirklich im vollsten Sinne des Wortes geistsprühend; es war mir stets ein Genuß, mit ihm zu plaudern und ihn anzuhören. Er wußte über alles zu sprechen, er schien sich für alles, was es nur immer sein mochte, zu interessieren, und jedes Gespräch wurde unter seiner Leitung anziehend. Wir fingen nun eine anregende Konversation an und setzten uns alle zusammen in eine Ecke des Salons. Wir kamen auf das Thema »Esprit« zu sprechen. Natürlich konnte ich mich nicht enthalten, mit vollster, aufrichtigster Überzeugung Rouher zu sagen, daß er meines Erachtens zu den geistreichsten und amüsantesten Menschen gehöre, die mir untergekommen seien, als er lachend erwiderte: »Wenn Sie mich dafür halten, was sagen Sie erst zu Lachaud?« Ich erwiderte: »Ich kenne ihn nicht.« – Lachaud war der berühmteste Advokat zur Zeit des zweiten Kaiserreiches. – Da sprang Rouher auf und sagte: »Den muß ich Ihnen vorstellen, er ist hier, und um Ihnen gleich einen Beweis zu geben, wie schlagfertig er ist, werde ich trachten, ihn bei der Vor-

stellung aus dem Konzept zu bringen, kann Ihnen aber gleich sagen, daß dies bei ihm so gut wie unmöglich ist.« Rouher verließ uns, und nach wenigen Augenblikken erschien er mit einem dicken Herrn, dessen gerötetes Gesicht und starres Auge keineswegs faszinierend wirkten. Er stellte ihn mir mit den Worten vor: »Gestatten Sie, Fürstin, daß ich Ihnen den geistreichsten Mann von Paris vorstelle.« Anstatt daß Lachaud, wie jeder andere an seiner Stelle, verlegen geworden wäre, ging er auch schon los, wie eine Rakete nach dem ersten Böllerschuß, der den Beginn des Feuerwerks ankündigt. Und schon stiegen die Raketen des Witzes und der geistreichsten Einfälle blendend auf... Wir waren sprachlos. Woher nahm der Mann das alles? Wie angenehm sprach und erzählte er! Übersprudelnd, ohne den Zuhörer zu ermüden, anregend, zur Kontroverse ermutigend, so daß er nicht etwa allein schwätzte, sondern einem förmlich gute und geistreiche Antworten in den Mund legte. Etwas Ähnliches war und ist mir nie mehr im Leben vorgekommen.
Späterhin traf ich mit Lachaud öfter zusammen, und so auch bei einem Séjour bei den französischen Majestäten in Compiègne. Da entsinne ich mich eines Vorfalles, welcher allgemeine Heiterkeit erregte und so recht die Schlauheit und Verschmitztheit des Advokaten kennzeichnet. Kaiserin Eugenie liebte es, abends nach dem Diner sich in einem Salon niederzulassen und einen kleinen Kreis von angenehmen Causeurs, meistens Herren aus den verschiedensten sozialen Stellungen, um sich zu versammeln, um mit ihnen über dies und jenes ungezwungen zu plaudern. Ich wollte eines Abends den besagten Salon, in welchem Ihre Majestät gewöhnlich saß, durchschreiten, als Lachaud

in der gegenüberliegenden Türe erschien. Wir wollten uns, jeder von seiner Seite, zurückziehen, als die Kaiserin uns zurief, zu bleiben und sich zu ihr zu setzen. Ich erinnere mich nur eines Herrn unter drei oder vieren, welche dort saßen. Dieser eine war der bekannte Procureur impérial Oskar de Vallée. Ein sehr poetischer Name für einen so prosaischen Mann. Die Kaiserin lenkte das Gespräch auf den Gerichtssaal und eiferte Lachaud an, über Erlebnisse aus seiner Praxis zu erzählen; sie sagte, wie oft sie seine großartigen Plädoyers bewundert habe, wie sie ihn um seine Rednergabe beneide, welch herrlich erhebendes Gefühl es sein müsse, die Richter und die Geschworenen zugunsten des Angeklagten umzustimmen usw. Da erwiderte Lachaud: »Ah! Majestät, was die Jury anlangt, so spiele ich auf ihr wie ein anderer auf der Violine.« Oskar de Vallée unterbrach: »Und was ist mit den Richtern?« worauf ihm jener antwortete: »Ich rühre sie zu Tränen.« Da ereiferte sich der Prokurator und versicherte, die schönsten Redensarten Lachauds hätten ihn niemals gerührt, worauf dieser bemerkte, er erinnere sich doch, ihn mit Tränen in den Augen gesehen zu haben, als er einst für einen Verbrecher – ich erinnere mich jetzt seines Namens nicht mehr – plädierte. »Nicht Ihre prachtvolle Rede hat mich gerührt, Maître Lachaud!« rief Oskar de Vallée aus, »sondern der namenlose Jammer und das Elend der schwer betroffenen alten Mutter, die Ihnen einen Brief geschrieben hatte, einen der rührendsten, die ich je gelesen habe. Aus diesen Zeilen sprach sozusagen die ganze unendliche Fülle herrlichster Mutterliebe.« Da erhob sich Lachaud von seinem Sitze: »Und doch haben Sie über mich, und nur über mich geweint, denn den Brief habe ich geschrieben; die Alte war schon längst tot, ich habe sie zu diesem Zwecke ausgegraben.«

Ein anderes Mal, es war zur Zeit des sensationellen Troppmann-Prozesses, befanden wir uns abermals bei einem Empfangsabend im Ministerium des Äußern. Lachaud, welcher der Verteidiger des Troppmann war, hielt an der Behauptung fest, daß dieser einen Mitschuldigen habe und auf den Wahrspruch gewartet werden müsse, bis man ihn entdeckt hätte. Er setzte es auch wirklich durch, daß die Verhandlung hinausgezogen ward. Mein Mann, den der Verlauf des Prozesses lebhaft interessierte, begegnete Lachaud in einem der Salons, sie begrüßten sich und traten in eine Fensternische, wo sie ungestört ein längeres Gespräch begannen. Als nun die beiden nach einiger Zeit wieder heraustraten, stürzte alles auf Richard zu mit der Frage: »Nun also, was hat Ihnen Lachaud gesagt? Hofft er, den Komplizen ausfindig zu machen? Ist man auf seiner Spur?« usw. Richard antwortete darauf, daß der Mörder sich weigere, den Mitschuldigen zu nennen, und lieber das Schafott besteigen werde, als einen solchen Verrat zu üben; Lachaud hoffe aber trotzdem, Troppmann zum Bekenntnis des Tatbestandes zu bewegen.

Wenige Tage darauf wurde die Gerichtsverhandlung zu Ende geführt und das Urteil gefällt. Troppmann wurde ohne mildernde Umstände zum Tode verurteilt. Er war doch der alleinig Schuldige gewesen. Als mein Mann bald darauf Lachaud begegnete, konnte er nicht umhin, ihn lächelnd zu fragen: »Nun, was haben Sie mit dem berühmten Komplizen gemacht?«, worauf ihm Lachaud zur Antwort gab: »Als ich damals mit Ihnen längere Zeit über Troppmann sprach, wußte ich, daß er keine Mitschuldigen hatte, ich wußte aber auch, daß alle Neugierigen Sie bestürmen würden, um auszukundschaften, was ich Ihnen erzählt habe; wenn sie nun erfahren, daß Lachaud dem Fürsten Metternich mitteilt, er sei noch immer von der Existenz eines Helfershelfers überzeugt, so könnte dies doch den Geschworenen auf irgendeine Weise zu Ohren kommen und sie zugunsten des Angeklagten beeinflussen.« Er setzte hinzu: »Ils sont si bêtes, ces gens là!« (Diese Leute sind so dumm!)

## *Graf Taaffe*

*Eine lustige Geschichte aus den vierziger Jahren*
*Meinem alten Freunde Grafen Hans Wilczek gewidmet*

Ich gehöre heute zu den wenigen Menschen, die, wenn auch nur in ihrer frühesten Jugend, das alte Wien der vierziger Jahre mit seinen Basteien, seinem Stadtgraben und seinen Glacis noch gekannt haben, die darin wie in ihrem eigenen gemütlichen Heim noch herumgegangen, durch das Kärntner Tor, das Stubentor, das Rotenturmtor täglich ein- und ausgefahren sind und auf der Bastei gewohnt haben.
Das Haus meiner Eltern stand mit der Front auf der sogenannten Wasserkunstbastei und hatte die Aussicht auf das Wasserglacis über den gegenüber auf der Stadtmauer liegenden reizenden Garten des Erzherzogs Karl und weiter hinaus auf die Heumarktkaserne und das Schwarzenbergsche Palais.
Mit der rückwärtigen Seite lag es auf der Seilerstätte, gegenüber dem Eingang in die Annagasse.
Ich weiß nicht, warum ich das alles erzähle, denn es paßt gar nicht zur Geschichte des Grafen Taaffe, aber wenn ich an meine Kinderzeit zurückdenke, wenn es sich um das liebe alte Wien handelt, bewahrheitet es sich, daß alte Leute gern von ihrer Vergangenheit sprechen und jeden Anlaß benützen, um es zu tun, sowie auch das Sprichwort recht behält, welches heißt: »Wovon das Herz voll ist, geht der Mund über.«

Nun heißt es aber, den Anknüpfungspunkt an die Taaffe-Geschichte finden. Dieser erscheint mir darin, daß ich eine lustige Episode aus der Altwiener Zeit zu Ende der vierziger Jahre in Erinnerung bringen will, welche damals, wie mir erzählt wurde, die ganze Stadt in Erregung versetzte und deren Ausgang alle Welt mit Recht belustigte. Sie wurde mir später einmal von meiner Mutter in der ihr eigenen witzigen und lebendigen Weise erzählt, und ich glaube sie noch zu hören. Soviel ich mich entsinne, muß dieser tragikomische Vorfall im Jahre 1846 stattgefunden haben.

Graf Taaffe, Präsident des Obersten Gerichtshofes, war eine ebenso hochgestellte offizielle Persönlichkeit als ein in der Hofgesellschaft hochangesehener Herr. Seine Gemahlin, eine geborene Fürstin Brezenheim, war seiner in jeder Beziehung würdig, und das Paar genoß mit Recht die ihm gebührende Achtung und Verehrung. Beide galten als Respektspersonen im vollsten Sinne des Wortes.

Graf Taaffe war von förmlich steifer, aber großer Höflichkeit. Jedwede Familiarität im Verkehr mit ihm schien ausgeschlossen.

Ich erinnere mich, ihm auf der Bastei beinahe täglich zwischen zwei und drei Uhr begegnet zu sein. Er trug einen breitgeränderten sogenannten Bolivarhut, dazu einen langen schwarzen Tuchüberzieher mit den dazu passenden Unterkleidern und eine zweimal um den Hals gewundene Taftkrawatte ohne weißen Vorstoß.

In ihm schien das Gesetz in seiner unerbittlichen Strenge an einem vorüberzuwandeln – und doch –, es haben gewöhnliche Sterbliche gewagt, mit ihm Scherz zu treiben.

Als eines Tages Graf Taaffe von seinem täglichen Spa-

ziergange heimkehrte, sah er vor seinem Hause, welches sich in der Löwelstraße befand, mehrere Lastwagen stehen, aus denen Möbel, Beleuchtungsgegenstände, Teppiche und Festgirlanden (damals aus Papier angefertigt, da der Blumenluxus noch ganz unbekannt war) abgeladen wurden. Bei seinem Eintreten unter das Haustor richtete Graf Taaffe an den Portier die Frage, was denn all diese Arbeiter mit ihren Geräten bei ihm wollten. Er erhielt zur Antwort: »Bitte ergebenst, sie sind bestellt, um für die morgige Soiree die Stiege und die Salons zu dekorieren.«
Graf Taaffe erwiderte sehr erbost: »Ich weiß nichts von einer Soiree, schick sie alle zum Teufel. Es muß ein Irrtum sein, sie werden wahrscheinlich eine falsche Adresse erhalten haben.« Mit Mühe und Not wurden Arbeiter und Wagen expediert.
Tags darauf, früh morgens, als der Kammerdiener bei seinem Herrn eintrat, erstattete er gehorsamst die Meldung, daß sowohl vor dem Hause als im Hofe ein großer Streit herrsche infolge Erscheinens etlicher zwölf Wagen mit Bädern aus verschiedenen Badeanstalten, wie Dianabad, Sophienbad und anderen, deren Führer sämtlich erklärten, zu Seiner Exzellenz bestellt worden zu sein. Graf Taaffe sagte dem Diener: »Laß sie alle wieder hinauswerfen. Ich habe niemanden bestellt. Was ist denn das für eine neue Art, daß die Professionisten jetzt in die Häuser eindringen und sich für bestellt ausgeben?«
Es vergingen vierundzwanzig Stunden, als am zweiten Morgen derselbe unglückselige Kammerdiener zitternd und bebend vor seinem Herrn erschien und ehrfurchtsvoll meldete, es seien zwei Dutzend Hühneraugenoperateure im Vorzimmer versammelt, die daselbst einen

Riesenskandal machten, weil jeder behauptete, zuerst das Recht zu haben, vorgelassen zu werden, und den Bestellbrief hervorziehe, in welchem die Stunde des Erscheinens angegeben sei, mit dem Auftrage, nur ja recht pünktlich zu sein. Der erschreckte Diener fügte hinzu: »Bitte, Exzellenz, sie gehen aufeinander los und haben gedroht, mich zu prügeln!«
Graf Taaffe war selbstverständlich wutentbrannt und erklärte, er würde dem schändlichen Treiben energisch ein Ende zu machen wissen. Und es erging der strenge Befehl beim Portier, bei Strafe des Dienstverlustes niemanden einzulassen, der nicht von der Herrschaft vorher als bestellt angemeldet worden sei.
So ging der vierte Tag anstandslos vorbei. Kein menschliches Wesen hatte sich herangewagt, und die gewohnte feierliche Ruhe trat wieder in das Palais in der Löwelstraße ein, welches, von der hohen Basteimauer geschützt, ein Bollwerk gegen irgendwelche gefährliche Angriffe zu sein schien. Denn man fing schon an, auf das Schrecklichste gefaßt zu sein.
Am fünften Tage – es war ein Sonntag – herrschte auch wieder tiefe Ruhe, und man atmete auf. Nachmittags fünf Uhr sollte das kleine gewohnte Familiendiner stattfinden, ganz im Gemütlichen.
Gerade wollte sich der enge Familienkreis zu Tisch begeben, als man von der Portierloge herauf zweimal klingeln hörte ... Alles sah sich an, und die Frage wurde laut: »Ja, wer soll denn noch kommen ..., und zwar eine Dame – sind wir denn nicht vollzählig?«
Da stürzt mit schlotternden Knien der bewußte und vielgeplagte Kammerdiener herein, reißt die Flügeltür auf und ruft die Namen des Fürsten und der Fürstin Schwarzenberg. Gleich darauf klingelt es wieder und

wieder, die Dienerschaft läuft wie nicht gescheit durcheinander, Gäste auf Gäste erscheinen, ein Name wird nach dem andern ausgerufen: Fürst und Fürstin Lobkowitz, Fürst und Fürstin Auersperg, Fürst und Fürstin Windisch-Graetz, und so geht es weiter ohne Ende nebst Grafen und Exzellenzen, bis zu guter Letzt die Namen des Fürsten und der Fürstin Liechtenstein erklingen und die vornehme Schönheit und Pracht der in Diamanten strahlenden Fürstin dem allgemeinen Erstaunen und der Verwirrung die Krone aufsetzen.
Der Hausherr, die Hausfrau, die Familienmitglieder und die falsch Geladenen waren außer Rand und Band. Alles sah sich sprachlos an. Selbstverständlich waren die vermeintlichen Gäste sich alsbald bewußt, daß irgendein rätselhaftes Mißverständnis in den Einladungen herrschen müsse, und man entschuldigte sich – aber der Herr und die Frau vom Haus ahnten schon in ihrer namenlosen Empörung, Beschämung und Verzweiflung, daß wieder ein Schurkenstreich vorliege.
Nun wurde die Frage laut, in welcher Weise die Herrschaften irregeführt worden seien. Die Erklärung war die, daß man gedruckte Einladungskarten zu einem Diner erhalten habe. Nachdem etliche sechzig Personen der Gesellschaft solche bekommen hatten, wurde es bekannt, daß ein großes Diner bei Taaffe in Aussicht stehe und man folglich in Gala zu erscheinen habe. Nun trachteten aber auch die Hausherren, den schändlichen Vorgang zu erklären – die armen gefoppten Gäste mußten sich mit leerem Magen zurückziehen. Es war kein Leichtes mit der Wagenbestellung und allem, was drum und dran war. Der gute Fürst Liechtenstein, als aufmerksamer Gatte bekannt, war namenlos besorgt darüber, daß seine Frau nichts zu es-

sen bekomme und hungern müsse – zu Hause wäre gewiß nichts da ... Zu damaliger Zeit gab es keinen Sacher und kein Bristol – kurz und gut, das Lamento war herzzerreißend.
Als nun alles draußen war, da brach Graf Taaffe in unbeschreibliche Wut aus und erteilte den Befehl, umgehend den Herrn Polizeipräsidenten Grafen Sedlnitzky zu sich bitten zu lassen, mit dem Zusatze, daß er ihm eine sehr wichtige Mitteilung zu machen habe.
Der Polizeipräsident eilte herbei, und entrüstet vernahm er die Erzählung der schmachvollen Vorgänge und des Unfugs, den man mit dem Präsidenten des Obersten Gerichtshofes getrieben hatte. Er versprach, ohne Zögern alle Anstalten zu treffen, damit sich dergleichen nicht wiederhole. »Es wäre traurig«, meinte er, »wenn man einem solchen nichtswürdigen Treiben nicht gleich ein Ende bereiten könnte und im Handumdrehen diesen Spitzbuben auf ihre Niederträchtigkeiten käme; alles wird geschehen, um Eurer Exzellenz Ruhe zu schaffen.«
Dem kommenden Morgen sah man im Taaffeschen Hause trotzdem mit einiger Besorgnis entgegen, indessen beruhigte man sich, da man sah, daß die Polizei alle erdenklichen Maßregeln getroffen hatte.
Um zwei Uhr nachmittags beging Graf Taaffe, wie gewohnt, die tägliche Feier des Spazierganges. Die Gräfin rief ihrem Manne noch zu: »Na, heute haben wir endlich Ruhe – wir können wirklich Sedlnitzky zu Dank verpflichtet sein. Angenehme Promenade!«
Der Kammerdiener erlaubte sich, Seiner Exzellenz in Erinnerung zu bringen, ja nicht vergessen zu wollen, eine schwarze Seidenkrawatte, die er dringend benötige, zu kaufen; und so zog er ruhig dahin von der Lö-

welstraße zum Kohlmarkt. Dort blieb er bei einem kleinen Krawattenladen stehen und trat ein.
»Bitte, was wünschen Euer Gnaden?« – »Ich möchte eine schwarze Krawatte haben, ähnlich der meinen, die man zweimal um den Hals binden kann.« Der Gegenstand wird gebracht und sagt dem Käufer zu. »Ganz recht. Schicken Sie mir die Krawatte heute noch – ich habe kein Geld bei mir –, man wird sie Ihnen bei Abgabe zahlen.« – »Bitte, wohin sollen wir sie schicken?« – »Löwelstraße, zum Grafen Taaffe.« Mit einem gellenden Schrei springt alles auf und fragt nochmals: »Zu wem?« – »Na, zum Grafen Taaffe.« In diesem Augenblick schreien der Ladenbesitzer und seine Frau dem Kommis zu: »Taaffe hat er g'sagt – treib ihm den Hut ein, diesem Gauner, diesem Schwindler – jetzt hab'n wir ihn, drisch auf ihn los – Polizei her!« – »Polizei!« brüllt man auf die Gasse hinaus. Ein Polizist kommt gerannt, und man erklärt ihm, wen man erwischt hat. Der Polizist drischt mit auf den sich wehrenden, unseligerweise Verkannten, der erschöpft auf einem Stuhl zusammengebrochen ist und fortwährend stöhnt: »Ich bin ja der Graf Taaffe!« Der Ladenbesitzer ruft empört: »Ja freilich, jetzt ist er noch frech, der Kerl!« Da reißt der Polizeimann dem Erstickenden den Hut vom Kopf herab und ruft entsetzt aus: »Jesses, das is ja der Exzellenzherr! Seid's alle verruckt?«
Mehr tot als lebendig wurde das Opfer eines glänzend erdachten und in Ausführung gebrachten polizeilichen Befehles in einen herbeigerufenen Fiaker gehoben und in elendem Zustand in die Löwelstraße gebracht.
So war also dem Worte des Gesetzes Genüge geschehen – nur war leider der höchste Repräsentant der irdischen Gerechtigkeit das bedauerliche Opfer geworden.

## *Dunglas Home*
*1863*

Wer hat nicht schon von dem berühmten Spiritisten Dunglas Home gehört? – Ich glaube, er war damals einer der ersten, die solche Séancen veranstalteten – wenigstens erinnere ich mich nicht, in meiner Zeit von Leuten gehört zu haben, die vor ihm sozusagen berufsmäßig den Spiritismus ausgeübt hätten. Wohl war damals das Tischrücken beliebt, wo man sich in größerer Anzahl um ein solches Möbel versammelte und von einer Hand zur anderen einen »Kontakt« herstellte; man hörte dann manchmal ein kurzes Klopfen, die Bleistifte in den Händen derer, die man als »Medien« bezeichnete, begannen auf dem Papier zu tanzen und angebliche Worte zu kritzeln, die ich, für meinen Teil wenigstens, nie habe entziffern können. Allein das war auch so ziemlich alles.

Eines schönen Tages jedoch kündigte man in Paris die Ankunft eines bedeutenden Spiritisten an, eines Mannes, der diese kleinen Kunststückchen, wie sie von den gewöhnlichen Sterblichen praktiziert wurden, verachtete, der behauptete, zum Kreis der »großen Medien« zu gehören, und allen Ernstes diejenigen, die sich dafür interessierten, mit der Phalanx der im Weltraum schwebenden Geister in Verbindung zu bringen versprach.

Dieser Mann kam aus Amerika, hieß Dunglas Home, und da ihm bekannt war, daß der Kaiser und die Kaiserin sich für alles Übersinnliche interessierten, so erbat und erlangte er die Gunst, sich den Majestäten vorstellen zu dürfen und sie »in Kommunikation zu bringen« – so bezeichnete er den Verkehr zwischen den Lebenden und den Geistern oder, wie er sie nannte, den »Geschiedenen«. Denn um nichts in der Welt hätte er gesagt oder zugegeben, daß man von »Toten« spreche. »Man stirbt nicht«, wiederholte er beständig, »man scheidet nur von dieser Welt.«
Die okkultistischen Séancen in den Tuilerien erregten großes Aufsehen, und Kaiser und Kaiserin sowie deren Umgebung konnten sich nicht genug verwundern über die Phänomene, deren Zeugen sie waren.
Riesenhafte Möbel, die sechs Männer mit Mühe zu heben imstande waren, wenn, wie gewöhnlich im Frühjahr, die Teppiche entfernt wurden, gerieten ins Schwanken, Stühle und Armsessel bewegten sich wie von einem Sturm getrieben von einer Ecke des Saales zur andern, die Kristalle der Luster begannen zu klingen, von allen Seiten hörte man klopfen – kurz, es war der reine Hexensabbat. Der Kaiser hatte Professoren der Physik rufen lassen, damit sie untersuchen sollen, ob diese Erscheinungen durch Elektrizität oder durch irgendeine andere motorische Kraft hervorgebracht wurden – die Gelehrten fanden keine Erklärung, und obwohl gänzlich ungläubig, waren sie doch von dem, was sie mit eigenen Augen sahen, verblüfft.
Die Experimente und Sitzungen in den Tuilerien hatten, wie man sich denken kann, die allgemeine Neugierde erregt, und alles wollte Home sehen. Da er in guten Verhältnissen lebte, konnte man ihn nicht ein-

fach kommen lassen wie irgendeinen Professional, sondern man mußte sich durch Vermittlung dritter Personen an ihn wenden, welche dann von ihm die Erlaubnis erlangten, diese oder jene von ihren Bekannten bei einer von ihnen veranstalteten Sitzung einzuführen.
Auf diese Weise arrangierte der Prinz Joachim Murat, einer unserer Freunde, eine solche Sitzung, an der wir teilnehmen sollten; sie fand bei M. und Mme. Jauvin d'Attainville statt, die in der Rue de la Paix wohnten, und zwar in dem Hause, wo sich jetzt die berühmte Modistin Karoline Reboux befindet.
Mme. Jauvin d'Attainville, die sehr fromm war und sich durch die Homeschen Experimente keineswegs angezogen fühlte, sie vielmehr als eine Art Teufelswerk ansah, weigerte sich anfangs, den Spiritisten bei sich zu empfangen. Man konnte sie nur dazu überreden, indem man ihr mitteilte, daß Home, weit entfernt, irreligiös zu sein, sich im Gegenteil etwas darauf einbildete, ein guter Christ und sogar ein guter Katholik zu sein, und zwar in dem Maße, daß er einst, in eine Russin verliebt – es war eine Fürstin, deren Name mir entfallen ist – und in der Absicht, sie zu heiraten, von ihr, die ihn gleichfalls liebte, verlangte, daß sie sich zum katholischen Glauben bekehre, was sie auch tat. Sie ist dann in rührender Frömmigkeit gestorben; als sie schon in der Agonie lag und kommuniziert hatte, sagte sie ganz laut: »Ich schwöre bei der heiligen Hostie, die man mir eben als letzte Wegzehrung gereicht hat, daß alles, was mein Gemahl tut und sagt, die reine und lautere Wahrheit ist.«
Sie war lungenkrank, und während der letzten zwei Jahre ihres Lebens sah sie – oder behauptete sie zu sehen – eine Frau, die, mit einem langen weißen Schleier

bedeckt, täglich an ihrem Lager erschien und ihr den Schleier zeigte, der stets kürzer wurde. Diese Frau sagte ihr: »Wenn der Schleier einmal nur mehr bis zu meinem Gesicht reichen wird, dann ist der Tod nahe. An dem Tage, wo du mein Antlitz siehst, wirst du deinen letzten Seufzer aushauchen!« – Als nun die Sterbende jenen Eid auf die Hostie abgelegt hatte, blieb sie einige Augenblicke still, dann versuchte sie sich zu erheben, öffnete die Augen weit, und indem sich ein seliges Lächeln über ihre Züge verbreitete, rief sie aus: »Ah! – jetzt sehe ich sie«, und verschied.

Dies ist wörtlich von dem Priester erzählt worden, der ihr in den letzten Augenblicken zur Seite stand. Ich erspare mir jeden Kommentar – ich erzähle einfach, was glaubwürdige Personen mir wiederholt berichtet haben – und komme nun auf die Séance bei M. und Mme. Jauvin d'Attainville zurück.

Das Appartement war sehr geräumig, bequem, sogar reich möbliert und taghell erleuchtet. Ich betone diesen Umstand und füge hinzu, daß während der ganzen Sitzung die Luster und Lampen brannten. Nichts konnte unseren Blicken entgehen. Wir mochten an fünfzehn Personen sein. Als wir zu früher Stunde, etwa um Viertel nach neun Uhr, ankamen, war Mr. Home noch nicht anwesend. Mme. Jauvin schien etwas aufgeregt und verriet ihre Unruhe, indem sie lächelnd sagte, es wäre möglich, daß die Geister auf den Anruf ihres Kameraden oder irdischen Freundes nicht antworten würden. Halb ungläubig, nervös, etwas spöttisch und zugleich ärgerlich, daß sie dem an sie gestellten Verlangen, das berühmte Medium bei sich zu sehen, Folge geleistet hatte, plauderte sie in dieser Art weiter; da öffnete sich die Tür, und man erblickte an der Seite des

Prinzen Murat den geheimnisvollen, lang erwarteten und zugleich beunruhigenden und furchteinflößenden Helden des Tages: Dunglas Home!
Prinz Murat stellte ihn Mme. Jauvin vor, dann uns anderen, und ich hatte Muße, ihn genau zu betrachten. Er mochte etwa sechsunddreißig, höchstens vierzig Jahre alt sein. Ziemlich groß, mager, gut gewachsen, machte er im schwarzen Frack und weißer Krawatte den Eindruck eines »Herrn« aus der besten Gesellschaft. Das Gesicht wirkte sympathisch durch den Ausdruck von sanfter Trauer. Sehr blaß, porzellanblaue, helle Augen, der Blick aber nicht stechend, eher verschleiert, das rötliche Haar reich und dicht, aber nicht übertrieben lang, keine Pianisten- oder Violinistenfrisur – kurz, eine angenehme Erscheinung, durch nichts auffallend als etwa durch die Blässe des Teints, die aber durch die rote Farbe der Haare und des Schnurrbarts gleichfalls erklärlich schien. Homes Züge erinnerten an ein gewisses Porträt von Van Dyck aus der Galerie Liechtenstein in Wien, das, wenn ich nicht irre, angeblich das von Wallenstein sein soll.
Man nahm also Platz und setzte sich, jeder nach seinem Belieben, um einen runden Tisch, auf dem eine Decke lag. Nichts war vorbereitet worden – es war der Tisch, um den sich stets die Familie zu versammeln pflegte und der auf dem gleichen Platz stand wie immer. Die einen saßen nahe daran, die anderen etwas weiter weg – jeder, wie es ihm gerade paßte. Dunglas Home nahm in einem Fauteuil Platz, der etwa drei bis vier Meter entfernt war, so daß jeder Kontakt seiner Person mit dem großen Tisch ausgeschlossen war. Er sagte mit einer etwas verschleierten Stimme: »Ich weiß nicht, ob ›sie‹ schon da sind und ob ›sie‹ überhaupt

kommen werden.« – Diese Worte fuhren uns Damen in die Glieder. »Sie« ... Ah! Oh! ... »Sie«, die Geister! ... Home legte den Kopf auf den Fauteuil zurück und schloß die Augen ... er wurde blässer und blässer! »The trance is beginning«, flüsterte Prinz Murat. – Plötzlich rief Home einen englischen Namen ... »Bryan« ... und setzte hinzu: »Bryan, are you here?« ... In demselben Augenblick erschollen aus der Richtung des Tisches zwei kurze, scharfe Schläge, rasch aufeinanderfolgend und in einem so eigentümlichen Rhythmus, daß ich sie noch heute zu hören glaube. – »Bryan kommt fast immer, wenn ich ihn rufe; er war mein bester Freund.« Und zugleich begannen die Kristalle des Lusters sich zu bewegen, und aus dem Hintergrund des Zimmers kam, wie von einer unwiderstehlichen Kraft getrieben, ein Stuhl, der plötzlich vor uns haltmachte. Home blieb unbeweglich auf seinem Fauteuil. Kein Muskel, kein Glied seines Körpers hatte sich bewegt. Auf einmal rief er aus: »Sie sind gekommen, sie umgeben uns, sie werden sich offenbaren, und jeder wird sich von ihrer Anwesenheit überzeugen.« Im selben Moment hatte ich das Gefühl, als ob eine Hand von Eisen meinen Knöchel umfaßt hielte; ich stieß einen Schrei aus! Andere fühlten auf dem Nacken, andere an den Armen diesen eisernen Händedruck, der übrigens nicht den geringsten Schmerz verursachte. Man spürt den Druck von Fingern, ich möchte sagen, von jedem Finger einzeln – man muß dieses Gefühl gehabt haben, um es sich vorstellen zu können!

Hierauf hob sich die Tischdecke ganz sacht, und wir sahen etwas darunter sich gegen uns bewegen, wie Hände unter einem Tuch. Ich wich instinktiv zurück;

die Herren, und auch mein Mann, erfaßten diese Hände und hielten sie fest, um sie nicht entwischen zu lassen – als der eine nach dem andern, trotz aller Anstrengung, fühlte, wie ihm der ergriffene Gegenstand sozusagen unter den Fingern schmolz –, sie hoben so rasch als möglich die Decke auf, um zu sehen, ob es sich hier um irgendeine Taschenspielerei handle. Sie fanden trotz alles Suchens nichts; einige von ihnen waren sogar unter den Tisch gekrochen, um dort Nachschau zu halten. Home rührte sich nicht und blickte sie nur gleichgültig an. Nach einigen Minuten erschienen die Herren wieder an der Oberfläche und nahmen ihre früheren Plätze ein. Kaum hatten sie sich niedergelassen, so erschollen aus dem Tisch Schläge, die sich in kurzen Zwischenräumen wiederholten – ich sage ausdrücklich »aus dem Tisch«, denn das war der Eindruck, den man hatte. Man hätte glauben können, daß jemand, der sich unter dem Tisch befand, diese starken Schläge geführt habe. Da hielt es mein Mann nicht länger aus; er erklärte, sich unter den Tisch setzen zu wollen, um zu beobachten, auf welche Weise diese scheinbar von unten kommenden Schläge zustande kämen. Kaum hatte er seine Absicht ausgeführt, als er rief: »Aber klopft doch nicht von oben auf den Tisch – keine Scherze, wenn ich bitten darf!« Darauf mußten wir ihm antworten, daß niemand von uns sich gerührt habe und daß wir unserseits das Klopfen, ganz so wie früher, als von unten kommend gehört hätten.
Die Gesellschaft war einen Augenblick sprachlos – man wußte nicht ein noch aus. Mein Mann kam aus seinem Versteck hervor, und die Experimente nahmen ihren Fortgang. Plötzlich rief Home, der bleich wie ein Linnen war: »Die Geister umgeben uns – einer ist

Ihnen ganz nahe – Sie müssen ihn fühlen, wie einen leichten Hauch!« Und tatsächlich hatte einer nach dem andern das Gefühl eines Hauches oder eines Atems, der unsere Schultern und Haare streifte; die Herren, die absolut skeptisch waren, sahen sich genötigt zuzugeben, daß sie das gleiche verspürten wie wir Frauen.
Mit einemmal rief Home, der sich in voller »Trance« befand: »Da ist einer, der sich dem Klavier nähert; ich werde von ihm verlangen, er soll Ihnen das Veilchenbouquet bringen, das eine von Ihnen dort niedergelegt hat.« – Sein Kopf sank auf die Lehne des Fauteuils zurück – in diesem Augenblick sahen wir das Bouquet sich bewegen oder, besser gesagt, über die glatte Fläche rutschen, sich heben und gleichsam wankend den freien Raum durchmessen, der das Klavier von dem Tisch trennte, um den wir versammelt waren; schließlich fiel es mir in den Schoß. Rasch ergriff mein Mann das Bouquet, um zu sehen, ob er nicht einen Faden oder ein Haar daran entdecken könnte, an dem es befestigt gewesen wäre. Er fand nichts und gab es, leicht enttäuscht, zurück. Er war mit seinem Latein zu Ende.
Schließlich fragte Home mit erlöschender Stimme, ob wir nicht eine Harmonika, ein sogenanntes Melophon hätten, ein Instrument, das man auf den Knien hält, indem man den Blasebalg mit der linken Hand zieht, mit der rechten auf Tasten, ähnlich den Klaviertasten, spielt. Er fügte hinzu, die Offenbarungen seien an diesem Tage so günstig, daß es möglich wäre, »sie« zum Spielen zu bringen; »sie werden es wollen und vielleicht auch können.« – »Sie«, das waren natürlich wieder die Geister. Zwei von unseren Freunden erboten sich, zu einem Instrumentenhändler auf den Boulevard

zu gehen und eine Harmonika von dort zu bringen, wie die Geister sie verlangt hatten. Dieser Vorschlag wurde mit Enthusiasmus aufgenommen, und die Herren entfernten sich eiligst. Inzwischen hatte sich Home mühsam von seinem Fauteuil erhoben und kam zu uns. Die Kristalle der Luster bewegten sich immerfort, von allen Seiten hörte man es in den Möbeln und der Holzverkleidung klopfen – aber niemand achtete mehr darauf –, weder das Medium noch wir anderen.
Er fragte mich, ob ich diesen Rapport mit den Geistern nicht angenehm finde. Ich antwortete geradeheraus: »Der mit den Lebendigen ist mir lieber.« – »Immerhin«, antwortete er, »hat dieser etwas Tröstliches, denn er allein würde genügen, um die Ungläubigen von der Unsterblichkeit der Seele zu überzeugen.« – »Da ich ohnedies davon überzeugt bin«, sagte ich, »sehe ich die Notwendigkeit nicht ein, mit den Toten zu leben!« Home legte den Finger auf den Mund, um mich zum Schweigen zu bringen, und fügte ganz leise hinzu: »Sprechen Sie nicht von Toten – es gibt keine Toten, es gibt nur solche, die uns entschwunden sind, unseren irdischen Augen entschwunden; aber sie leben, wie Sie und ich, nur in anderen Sphären. Man muß von einem solchen sagen, er ist abgeschieden, aber nicht, er ist tot.«
Home sah in diesen angeblichen Offenbarungen der Geister (ob es wirklich solche waren oder ob es sich da um Taschenspielerkunststücke handelte, könnte ich weder bestätigen noch verneinen) den unwiderleglichen Beweis eines Lebens im Jenseits und schien sehr entrüstet, wenn jemand darin allerlei Teufelskünste sehen wollte. Er bezeigte eine große Verehrung für den Heiligen Vater – damals Papst Pius IX. – und ging von

Zeit zu Zeit nach Rom, um dem Papst seine Ehrfurcht zu erweisen. Dieser war dem Spiritismus abgeneigt, und man erzählte uns, daß er Home ernstlich geraten habe, die Geisterbeschwörungen aufzugeben. Dieser aber habe Seiner Heiligkeit versichert, die Offenbarungen seien von seinem Willen gänzlich unabhängig; er selbst sei oft davon ermüdet und wünschte, daß sie sich nicht so häufig ereigneten. – Wo ist die Wahrheit?

Der Père Ravignan, der mit Home sehr gut bekannt war, versicherte ganz ernstlich, daß dieser guten Glaubens sei – aber er selbst war kein Freund des Spiritismus und wollte Home um jeden Preis davon abbringen.

Inzwischen waren unsere Freunde von ihrer Expedition nach dem Melophon zurückgekehrt, indem sie das bewußte Instrument wie eine Trophäe trugen. Home bat mich, es mit der einen Hand zu nehmen und, allein in der Mitte des Saales stehend, hochzuhalten. Ich steckte meine rechte Hand in den Riemen, der an dem Blasbalg angebracht war, und wartete. Mit einemmal verspürte ich einen Zug an dem Instrument, als ob jemand den Blasebalg in Bewegung setzen wollte – ich war starr – und plötzlich hörte ich, wie alle anderen Anwesenden, ein wunderbares Spiel erklingen; so sanft und harmonisch, daß man es eine himmlische Musik hätte nennen mögen.

Die Aufregung war auf ihrem Höhepunkte angelangt, und da die Töne, die diesem scheinbar verzauberten Instrument entquollen, übernatürlich waren oder doch schienen, standen vielen von uns die Tränen in den Augen. Man wird selten wieder solche Klänge hören.

Mit dieser musikalischen Produktion endete die Séance von Dunglas Home bei Mme. Jauvin d'Attainville. Die Geister schienen erschöpft.

Personen, die den Homeschen Séancen nicht beigewohnt haben, haben behauptet, daß die angeblichen Geisterhände die Füße des Mediums gewesen seien. Aber ich frage, wie wäre es möglich, daß ein Mann, der drei bis vier Meter von dem Tisch entfernt frei in einem Fauteuil sitzt und den alle Anwesenden genau sehen, dergleichen mit den Füßen machen könne? – Das ist ausgeschlossen.

Daß Dunglas Home ein wunderbarer Taschenspieler war, will ich zugeben, daß er ein unvergleichlicher Hypnotiseur war, ist möglich – aber was ich absolut leugne, ist, daß einer oder der andere von uns bemerkt hätte, daß wir hypnotisiert worden wären oder daß irgendeines der beim Hypnotisieren gebräuchlichen Verfahren uns gegenüber angewendet worden wäre. Der Salon war, ich wiederhole es, taghell beleuchtet, und diese Beleuchtung setzte keinen Augenblick aus; alles, was ich erzähle, hat sich auf die einfachste Weise und ohne jede Vorbereitung zugetragen. Niemand war nervös oder übermäßig erregt. Die Damen stießen wohl kleine Schreie aus, wenn die »Geisterhände« sie berührten oder der »Hauch« ihre Schultern streifte – das war aber auch alles.

Nach Schluß der Séance bat Mme. Jauvin die Gäste zum Tee ins Speisezimmer, und Dunglas Home ließ sich an demselben Tisch wie wir alle nieder, um sich mit etwas Tee zu erfrischen. Seine Blässe war verschwunden, und sein Gesicht zeigte die normale Färbung.

Einige Tage später wurden wir in die Tuilerien eingeladen zu einer intimen Séance, die Dunglas Home in den Appartements der Kaiserin gab. Sie fand zwischen fünf und sechs Uhr statt. Ich gestehe, daß sie mich weit weniger interessierte als die, welche uns Mme. Jauvin gegeben hatte. Die Geister schienen nicht bei Laune zu sein. Als im Tuileriengarten der allabendliche Zapfenstreich von einem durchmarschierenden Regiment exekutiert wurde, begann wohl ein Tisch im selben Rhythmus zu klopfen und begleitete die Tambours in gedämpftem Tone; das war recht kurios, aber eher kindisch.

Dagegen hat mich damals etwas frappiert, wofür mir niemand, und auch kein Professor der Physik, jemals eine Erklärung hat geben können. Nämlich: Auf dem Tischchen, das eben so hübsch getrommelt hatte, stand ein Leuchter mit einer angezündeten Kerze. Dieses Tischchen nun begann sich zu bewegen, sich zu heben, zu tanzen, dann sich so seitlich zu neigen, daß unter gewöhnlichen Umständen jeder darauf befindliche Gegenstand herabgefallen wäre. Allein was geschah? Nicht nur, daß der Leuchter nicht herabfiel, sondern die Flamme, anstatt senkrecht nach oben zu brennen, neigte sich in demselben Winkel wie der Tisch. Gewöhnlich brennt die Kerzenflamme, wenn man die Kerze schief hält, dennoch aufrecht!

Erkläre dieses Kunststück, wer kann.

Home erklärte der Kaiserin, daß er nicht in der Verfassung sei, um, wie es gewünscht wurde, den Rapport zwischen ihm und der Geisterwelt herzustellen, daß er nichts dazu tun könne und daß er Tage habe, an denen die Offenbarungen fast Null seien, so daß man glauben könnte, »sie« seien böse auf ihn, »sie« machten sich über ihn lustig ... kurz, die Sache wollte nicht recht gehen.

Eines schönen Tages endlich meldete man mir Mr. Douglas Home.

Ich gestehe, daß ich bei der Idee, ihm allein gegenüberzusitzen, ein gewisses unheimliches Gefühl hatte, und ich wollte mich schon entschuldigen lassen, als ich mich einer solchen Feigheit zu schämen begann und ihn bitten ließ einzutreten.
Er erschien, ich bot ihm einen Platz mir gegenüber an, und wir begannen zu plaudern, als ein ungewohntes Geräusch, wie von großen fallenden Tropfen, sich ganz in meiner Nähe bemerklich machte. Ich wollte nichts dergleichen tun – Home konversierte ganz unbefangen weiter, aber das Geräusch wurde schließlich so stark, daß ich mich nicht enthalten konnte, den Kopf nach rechts zu drehen, von wo es herzukommen schien. Der offenbar sehr beunruhigte Ausdruck, mit dem ich mein Gegenüber anblickte, machte ihn lächeln. Er sagte: »Oh! Es ist nichts. – Da ist ›einer‹, der sich ganz in Ihrer Nähe zeigt, aber das ist fast immer der Fall, wenn ich mich irgendwo befinde – ›sie‹ folgen mir überall hin, und es ist selten, daß sie mich ganz in Ruhe lassen. Wenn mein kleiner Sohn irgendwo ist, treiben sie's noch ärger. Da sind die Manifestationen von ganz besonderer Heftigkeit. Wenn Sie es wünschen, Fürstin, bringe ich Ihnen den Kleinen einmal mit; er ist drei Jahre alt, und ich werde Sie mit ihm allein lassen. Sie werden erstaunt sein und – überzeugt. Denn Sie werden doch zugeben müssen, daß ein Kind in diesem Alter keine Taschenspielerkunststücke machen kann – noch dazu ohne jede Vorbereitung.« – Ich dankte Mr. Home wärmstens für seinen Vorschlag und erklärte ihm ganz offen, daß ich mich entschieden fürchten würde, mit einem Kind allein zu sein, in dessen Begleitung sich beständig Geister befänden.
»Man soll sich nicht vor ›ihnen‹ fürchten«, antwortete

er, »sie leiden darunter.« Und damit verabschiedete er sich. In meiner Autographensammlung habe ich einen Brief von ihm aufbewahrt, und oft war ich versucht, ihn vor mich auf einen Tisch zu legen und laut zu fragen: »Bryan, are you here?« ... Offen gestanden, ich habe mich nicht getraut.

Wenn ich Freunden erzähle, was ich hier über den berühmten Spiritisten geschrieben habe, so meinen diese gewöhnlich, daß alles, was ich da zu sehen geglaubt habe, nur in meiner Einbildung existiert und daß ich mich eben im Zustand der Hypnose befunden habe; das ist ja möglich. Aber dann ist es um so merkwürdiger, daß mir dies nie zum Bewußtsein gekommen ist, daß ich nie auch nur einen Augenblick lang das Gefühl gehabt habe, aus einem traumartigen Zustand zu erwachen, und daß mein Mann – der einer der klardenkendsten Menschen und den Lehren des Okkultismus so unzugänglich war als nur möglich – alles das gesehen hat, was ich gesehen habe, und es ganz genau mit denselben Worten erzählt hat wie ich.

Dunglas Home ist seither eingegangen zu der großen Plejade derjenigen, die er die »Geschiedenen« nannte. War er ein Geisterbeschwörer oder nur ein Prestidigitateur, Scharlatan oder Magnetiseur? – Ich wage nicht, das eine oder das andere zu behaupten; ich kann nur soviel sagen, daß ich so wie mein Mann immer den Eindruck hatten, erstaunliche und unerklärliche Taschenspielerkunststücke zu sehen, eine Ansicht, die sowohl vom Kaiser und der Kaiserin als auch von allen Anwesenden geteilt wurde.

# *Lebenstafel*

1836 26. Februar: Pauline Sándor in Wien geboren. Vater: Moritz Graf Sándor de Slavnicza, Herr auf Bajna, Bia und Both (1805–1878), Mutter Leontine geb. Metternich-Winneburg (1811–1861).
1849 Mai bis Oktober: Aufenthalt bei ihrem Großvater in England.
1856 7. Februar: Verlobung mit ihrem Onkel Richard (1829–1895), zu dieser Zeit Attaché an der österreichischen Botschaft in Paris.
30. April: Ernennung Richards zum kaiserlichen Gesandten am sächsischen Hof.
30. Juni: Hochzeit.
1857 17. Mai: Geburt der Tochter Sophie († 1941).
1859 14. Dezember: Richard Metternich wird in Paris als österreichischer Botschafter akkreditiert.
1862 20. April: Geburt der zweiten Tochter Antoinette Pasqualina († 1890).
1870 27. Juni: Geburt der dritten Tochter Clementine.
6. September: Pauline verläßt Frankreich.
1872 Die Metternichs verlassen Frankreich endgültig.
1874 3. Februar: Richard tritt aus dem diplomatischen Dienst.
1895 1. März: Tod Richards.
1921 28. September: Tod der Pauline Metternich-Sándor (wie sie sich seit 1897 nannte) in Wien.

# *Personenregister*